# 중앙아시아 3국

카자흐스탄 | 키르기스스탄 | 우즈베키스탄

트래블북스

# CENTRAL ASIA 3 COUNTRIES

KAZAKHSTAN | KYRGYZSTAN | UZBEKISTAN

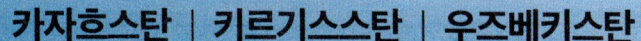

## 카자흐스탄 | 키르기스스탄 | 우즈베키스탄

중앙아시아는 서쪽의 카스피해부터 동쪽의 텐산산맥까지 이어지는 거대한 지역으로 옛 동서 문명의 교차로였던 실크로드의 중심이었으며 유목민족의 땅이다. 1991년 구소련으로부터 독립하기 이전 굳게 닫혀있던 문이 서서히 열리기 시작하여 지금은 정치, 경제, 교육, 문화 등 모든 분야에서 우리나라와 우호적 관계를 이어가고 있다. 3국 모두 직항편이 있어 접근성이 좋을 뿐 아니라 우리나라에서 일하고 있는 외국인 노동자 중 많은 사람이 이곳 출신이어서 그리 낯설지만은 않은 곳이다. 우리에게도 최근에는 천혜의 자연환경 속에서 살아가는 유목민족 문화를 체험하거나 실크로드의 발자취를 따라가는 역사 기행, 그리고 이곳에 정착해 살아가는 고려인들의 삶을 엿볼 수 있는 역사 문화 탐방 등 새로운 여행지로 주목받고 있다.

중앙아시아의 그랜드캐년으로 불리는 차른 협곡의 '성 계곡'은 남녀노소 누구나 걸으면서 가까이서 볼 수 있는 곳이다. 인근에 있는 카인디 호수는 이국적이면서도 흥미로운 호수로 가는 길조차 인상적이어서 기억에 오래 남을 장소이다.

카자흐스탄 옛 수도이자 상업의 중심지 알마티는 과거와 현재가 공존하면서 가장 빠르게 성장하고 있는 도시이다.

# KYRGYZSTAN

세계에서 두 번째로 큰 산정호수인 이식쿨 호수는 여름 최대의 휴양지로 그 주변으로는 다양한 협곡과 유목민 문화 체험을 할 수 있는 곳들로 가득해 새로운 여행지로 주목받고 있다.

톈산산맥 아래 빼어난 자연경관은 물론 정이 넘치는 그들의 모습은 우리의 정서와도 많이 닮아 더욱더 호감이 가는 곳이다.

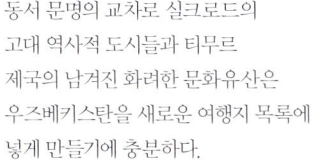

동서 문명의 교차로 실크로드의
고대 역사적 도시들과 티무르
제국의 남겨진 화려한 문화유산은
우즈베키스탄을 새로운 여행지 목록에
넣게 만들기에 충분하다.

낮보다 밤이 더 아름다운 도시들에서의
야경을 놓치지 말자.
이는 우즈베키스탄 여행을 더욱더 오래
기억할 수 있게 만들 것이다.

중앙아시아를 대표하는 우즈베키스탄의 독특한 음식문화는
우리 입맛에도 잘 맞아 여행의 또 다른 즐거움을 선사할 것이다.

### 카자흐스탄
톈산산맥 아래 천혜의 자연환경과 중앙아시아에서
가장 큰 영토를 갖고 있는 천연자원 대국으로
고려인의 뿌리 깊은 숨결을 느낄 수 있는 곳

### 키르기스스탄
'중앙아시아의 스위스'로 불릴 만큼
아름다운 자연환경 그리고 유목민족의
삶과 문화를 체험할 수 있는 곳

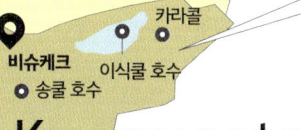

### 우즈베키스탄
동서 문명의 교차로 실크로드의 고대
역사적 도시들을 방문하는 것만으로도
가치가 있는 곳

## 일러두기

### 정보 수집
이 책은 2023년부터 2024년 2월까지 현지 취재를 바탕으로 최신 정보를 소개하고 있습니다. 다만 최근 일련의 국제 정세에 따른 현지 사정으로 가격이 변동될 수 있음을 양해 바랍니다.

### 외국어 표기
장소마다 표기된 명칭은 최대한 현지어 발음을 기준으로 표기하였으나 지역 특성상 영어 또는 일반적으로 통용되는 명칭은 그에 따라 표기하였습니다. 일부는 검색 시 용이한 구글 지도를 바탕으로 하였습니다.

### 레스토랑 및 숙소 정보
예산 및 여행 스타일에 따라 선택의 폭이 다양하고, 인터넷을 통해 예약 및 정보 검색이 쉬운 관계로 일부 도시에서 추천할 만한 몇몇 곳만 소개하였습니다.

### 현지 투어
지역 특성상 현지 여행상품을 이용해야 하는 경우가 많아 보다 쉽게 정보를 얻을 수 있고 예약할 수 있는 곳들을 자세히 소개하였습니다.

### 지도 QR코드
각 지도에 맞는 QR코드를 삽입해 손쉽게 위치를 파악함은 물론 이동 간 거리를 확인할 수 있게 하였습니다. 여행 출발 전 구글 지도에 미리 관심 장소를 등록해 놓으면 더욱더 편리합니다.

### Info Icon

음식점　쇼핑　호텔

 주소
 전화
  운영 시간
 휴무
 요금
 홈페이지

### Info Icon

공항　버스　기차역　트램

시장　식당　쇼핑　숙소

명소　메트로　안내소　선물가게

## 작가 소개

### 고 수 열

한국외국어대학교 노어과 졸업
LG상사(現 LX인터) 기획실 입사
前 LG상사 CIS지역 지역 총괄
現 EBRD(유럽부흥개발은행) International Adviser
現 태웅로직스 고문

1990년 입사 후, 1994년 이후로 블라디보스토크, 중앙아시아, 러시아 모스크바 등의 법인장과 임원 본부장을 역임하였으며, 한국 드봉화장품과 기아자동차 스포티지 수출 등의 자동차 초창기 판로 개척을 비롯해 전자제품의 러시아 최초 BWT 업무를 수행했다.

2000년대 초반 중앙아시아 지사장 시절에는 카자흐스탄 최초 유전 계약으로 국무총리 표창을 받았으며 2007년에는 당시 회사 CEO와 투르크메니스탄 대통령을 대한민국 기업인으로 처음 만나 한국 업체 프로젝트 사업 시작의 발판을 마련하였다.

몇 년간의 유럽 및 미국 사업의 일부 기간을 제외하고 대부분의 생활을 CIS지역과 같이 해 왔으며 특히, 러시아에서 근무하며 현장 노하우와 경험담을 알리고자 <비즈니스맨 in 러시아>를 집필 출간하였다.

### 서병용

한국외국어대학교 노어과 졸업
한화그룹 비서실 근무
배낭여행 전문 블루여행사, 세계로여행사 근무
前 동유럽 전문여행사 ㈜투어프랜즈 대표
前 오산대 겸임교수

배낭여행 1세대로 유럽을 비롯한 전 세계 60여 개국을 여행했으며 현재는 도서출판 <트래블북스> 대표로서 여행작가로도 활동 중이다.

*"여행은 늘 설레임으로 떠나고 돌아와 익숙한 것에 길들여지며 또 다른 여행을 꿈꾸게 한다."*

저서
<이지 러시아>, <이지 시베리아횡단열차>,
<이지 조지아>, <트래블 조지아>,
<조지아+아르메니아>

✉ dongeurope@naver.com
📷 인스타 : @seo_byungyong

## 책을 내면서

### 고수열

*중앙아시아의 문화와 지역을 이해하기 위한 나침반!*

'인생은 너무 짧은 여행'이란 말처럼 회사를 은퇴하면서 내가 가진 경험과 그 지역의 문화를 알리기 위해 여행을 시작했다.
상당한 기간의 주재원 생활을 통한 경험담과 현지 문화를 후배들에게 알려주고 싶어 '비즈니스맨 in 러시아'를 출간하였고 오래되고 가까운 친구와 합심으로 중앙아시아와 관련된 여행가이드 책을 출판한다.
여행할 수 있는 만큼 건강하다면 이러한 작업을 통해 러시아를 포함한 중앙아시아의 문화와 사업 경험담을 생생하게 들려주고 싶지만 좀 더 피부에 와닿는 책은 1년 후를 기약하고 싶다.
여행과 사업의 시작을 준비하고 재미있게 하기 위해선 현지 문화의 이해와 존중을 바탕으로 탐구한다면 이 책은 어쩌면 짧게나마 길잡이로서 도움이 될지 모르겠다. 낯선 도시를 여행하는 데는 나름대로의 이유가 있다. 그 지역에서 오랫동안 품어온 이야기를 들으면서 인생을 되돌아보고, 나 자신을 생각하며 새로운 것을 배우면서 말이다. 그래서 여행은 항상 가도 가도 새롭고 잠시나마 인생의 활력소로서 좋은 것 같다.
이 책이 나오기까지 여러 지원을 아끼지 않았던 태웅로직스의 한재동 회장님 그리고 이성일 유라시아본부장님, 황수연 법인장님에게 감사 드리며 옆에서 항상 응원의 함성을 보내준 가족에게 진심으로 감사의 마음을 전한다.

### 서병용

*또 하나의 새로운 도전!*

숱한 여행의 어느 지점에서도 중앙아시아를 떠올린 적이 없다. 종교적으로 유난히 이질적인 이곳의 문화는 여행지로서의 매력을 가늠해 볼 고민조차 내게 주지 않았기 때문이다. 하지만 조지아로의 직항이 없어 오랜 친구가 거주하는 카자흐스탄의 알마티를 경유지로 선택하면서 피할 수 없는 도전은 시작되었다. 인생에 우연이란 없다고 했던가. 낯설었던 이곳에는 긴 시간 나를 기다려온 숙제가 있었다. 알고 싶은 마음, 알리고 싶은 간절함을 담아 생애 첫 여행인 듯 까탈스럽고 세밀하게 숙제를 챙겼다. 중앙아시아 여행을 위한 국내 최초의 길잡이로서, 그동안 정보가 부족해 이 지역으로의 발걸음을 망설였던 분들에게 우리의 앞선 시작이 작은 오아시스가 될 수 있기를 기대해 본다.
인터뷰에 흔쾌히 응해주신 분들, 끝까지 함께하며 힘을 모아준 친구 고수열 작가에게도 고마움을 전합니다. 그리고 어려운 여건 속에서도 늘 지켜봐 주고 응원해 준 수산나 님에게 감사를 드립니다.

## 격려사

한재동
태웅로직스 회장

안녕하십니까! 태웅로직스 대표이사 한재동입니다.
부족한 저에게 격려사를 할 수 있도록 기회를 주신 고수열 작가에게 감사의 말씀을 드리고 싶습니다. 먼저 진심으로 축하한다는 말씀을 드립니다.
고수열 작가가 그간 집필하신 책과 달리 중앙아시아 전문 여행가이드 책으로서는 국내 첫 출판이라는 뜻깊은 소식에 함께하게 되어 정말 영광입니다. 저는 고수열 작가와 오랜 시간 각별한 관계를 유지하며 작가님의 꿈과 노력을 지켜봐 왔습니다.
이 책은 고수열 작가가 20여 년 동안 해외 주재원으로 지낸 경험을 통해 중앙아시아의 아름다움을 발굴하고 그 매력을 세상에 널리 알리는 데 조금이나마 도움을 드리고자 하는 의미를 담고 있습니다. 이 책은 단순한 여행가이드를 넘어서, 중앙아시아의 역사, 문화, 사회에 대한 깊이 있는 통찰을 제공합니다. 작가님의 따뜻한 시선과 섬세한 문체는 마치 직접 여행하는 듯한 생생한 현장감을 선물해줍니다.
국제 물류산업에 헌신해 온 한 사람으로서 다양한 국가들을 경험해 왔습니다만, 중앙아시아에 관심 있는 많은 사람에게 소중한 안내서가 될 것이라고 감히 말씀드립니다. 또한 고수열 작가의 열정과 꿈을 이루기 위한 끊임없는 시간과 노력은 독자분들에게 영감을 줄 것이라 기대합니다.
고수열 작가의 빛나는 여정을 진심으로 축하하고, 더욱 멋진 작품들로 세상을 감동하게 해 주시길 응원하며, 더욱 많은 이들이 세계를 누빌 기회와 도전 의식을 가지게 하는 힘 있는 작가가 되시길 기도합니다.
아무쪼록 책의 출간을 다시 한번 축하하며, 좋은 성과를 내서 이 기회를 통해 많은 사람에게 좋은 영감을 주는 작가로 자리매김하길 바라며 제 격려사를 마칩니다.

## 추천사

**백 주 현**
법무법인 세종 고문
전 주카자흐스탄 대한민국 대사

중앙아시아는 우리에게 심리적으로 가장 가까운 외국이다. 아직도 26만여 명의 고려인들이 살고 있는 지역이다. 자주 방문하지만, 그 지역의 역사와 문화 풍습에 대해 쉽게 이해할 수 있는 안내서에 대한 갈증이 있었다. 중앙아시아 3개국에 대한 책을 출판한다는 소식을 듣고 아주 반가운 마음이 들었다.

고수열 작가는 이 지역 사람들과 함께 살고, 사업을 해온 역사의 증인이다. 고 작가의 책을 가방에 챙겨 넣고 여행하다 보면 고개가 끄덕여지는 경우가 많으리라 생각한다. 다른 나라 사람들이 쓴 책도 있지만, 한국인으로서 보고 느끼는 점은 차이가 있으리라 생각한다.

카자흐스탄, 우즈베키스탄, 키르기스스탄은 오랫동안 관계가 단절되어 있다가 1990년에 소련과의 수교를 계기로 우리에게 가까이 다가온 국가들이다. 외교관계가 수립되자 우리 국민과 기업인들은 기다렸다는 듯이 이들 국가에 여행도 하고, 교류와 투자를 해왔다.

시행착오도 있었지만, 이제는 우리의 상품과 제도, 문화와 음식도 이 지역에서 인기가 높아졌다. 중앙아시아 국가들의 문화를 알리는 행사도 우리나라에서 자주 개최가 되고 있어서 상호 이해와 친밀함이 증가하고 있다. 이들 국가는 지난 35년간 정치, 경제, 교육, 문화 분야에서 많은 변화를 겪어왔다. 이제는 한국 같은 4차 혁명 시대의 선도 국가들과의 협력을 통해 유라시아 지역의 중심 국가로 발돋움하려 하고 있다.

중앙아시아지역은 앞으로도 오랫동안 우리나라와 좋은 관계를 유지하며 교류할 나라라는 인식이 확산되어 있다. 이 지역에 대해서 사전에 잘 이해하고 여행에 나선다면 더 가까이 갈 수 있을 것이다. 고수열 작가가 그동안의 교류 경험과 여행 경험을 정성스럽게 한군데 모아 우리들과 공유해준 데 깊이 감사드린다.

# CONTENTS

## 중앙아시아 3국

| | |
|---|---|
| 035 | 일러두기 |
| 036 | 작가소개 |
| 037 | 책을 내면서 |
| 044 | 추천 일정 |
| 046 | 이슬람 건축의 특징 |
| 050 | 중앙아시아의 음식 |
| 054 | 중앙아시아 쇼핑 List |
| 056 | 실크로드란? |
| 057 | 중앙아시아의 고려인 |
| 058 | 중앙아시아 비즈니스의 첫걸음 |
| 064 | 여행 정보 키워드 |
| 066 | 중앙아시아 여행 시 유용한 애플리케이션 |
| 068 | 중앙아시아 3국 여행 회화 |
| 070 | 인터뷰 1  평범한 직장인 블로거 꿀떡 |
| 072 | 인터뷰 2  여행 유튜버 장원서 |

## 74 카자흐스탄

| | |
|---|---|
| 080 | 개요 |
| 083 | 인터뷰 3  오픈헬스케어㈜ 김대영 |
| 084 | 인터뷰 4  주카자흐스탄 대한민국 대사관 이선영 |
| 087 | 인터뷰 5  주카자흐스탄 대한민국 대사관 지해성 |

### 알마티 Almaty
| | |
|---|---|
| 088 | 알마티 Almaty |
| 090 | 알마티 드나들기 |
| 099 | 알마티 볼거리 |

근교
| | |
|---|---|
| 108 | 침블락 |
| 109 | 빅 알마티 호수 |
| 110 | 차른 캐년 |
| 112 | 카인디 호수 |
| 114 | 콜사이 호수 |
| 115 | 블랙 캐년 |

### 아스타나 Astana
| | |
|---|---|
| 116 | 아스타나 Astana |
| 118 | 아스타나 드나들기 |
| 121 | 아스타나 볼거리 |

### 심켄트 Shymkent
| | |
|---|---|
| 124 | 심켄트 Shymkent |
| 126 | 심켄트 드나들기 |
| 127 | 심켄트 볼거리 |

# 128
# 키르기스스탄

| | |
|---|---|
| 134 | 개요 |
| 139 | 인터뷰 6  kyrgyzfriends 대표 추상훈 |

**140 비슈케크 Bishkek**
- 142 비슈케크 드나들기
- 147 비슈케크 볼거리

**근교**
- 152 알라 아르차
- 155 부라나 타워
- 156 이식쿨 호수

**160 카라콜 Karakol**
- 162 카라콜 드나들기
- 163 카라콜 볼거리
- 168 알틴 아라샨

**근교**
- 172 제티 오구즈
- 174 스카즈카 협곡
- 176 송쿨 호수

# 180
# 우즈베키스탄

| | |
|---|---|
| 186 | 개요 |
| 190 | 인터뷰 7  회사원 Davlatova Feruza |

**192 타슈켄트 Tashkent**
- 194 타슈켄트 드나들기
- 201 타슈켄트 볼거리

**208 사마르칸트 Samarkand**
- 210 사마르칸트 드나들기
- 212 사마르칸트 볼거리

**222 부하라 Bukhara**
- 224 부하라 드나들기
- 226 부하라 볼거리

**236 히바 Khiva**
- 238 히바 드나들기
- 240 히바 볼거리

# CENTRAL ASIAN COUNTRIES
중앙아시아 3국

**KAZAKHSTAN** 카자흐스탄

**KYRGYZSTAN** 키르기스스탄

**UZBEKISTAN** 우즈베키스탄

# Islamic Architecture

## 이슬람 건축의 특징

우즈베키스탄 여행은 고대 실크로드 도시로 잘 알려진 사마르칸트, 부하라, 히바 지역에 남아 있는 화려하고 다양한 이슬람 건축물들을 보는 것만으로도 가치가 있다고 할 수 있을 것이다. 이슬람 신자가 아니어도 간단한 건축 요소들의 의미를 알고 본다면 더욱 깊이 있는 여행이 될 것이다.

사마르칸트 | 비비하눔 모스크

### Mosque | 모스크

이슬람교의 예배 및 집회 장소로 아랍어로는 마스지드(masjid)라고 한다. 모스크는 돔과 미나렛이라 불리는 첨탑으로 이루어져 있는 것이 특징이다

### Dome | 돔

모스크 내의 주요 건물 또는 영묘, 마드라사에서 볼 수 있는 둥근 지붕 구조이다. 내부에서 바라보면 아치형 또는 팔각형 평면 위에 돔 구조가 놓인다.

히바 | 팔라반 영묘

부하라 | 미르 아랍 마드라사

### Madrasah | 마드라사

일반적으로 신학 학교를 의미하지만, 신학 이외의 좀 더 높은 수준의 공부를 하는 교육기관이다. 건물 내부는 사각형 회랑으로 둘러싸인 정원을 갖고 있으며, 회랑은 강의실 또는 기숙사로 사용되고 있다

### Minaret | 미나렛

모스크의 부속 건물로 예배 시간을 알리기 위한 첨탑이다. 하루 다섯 차례 무아딘(기도원)이 올라가 아잔을 한다.

### Mausoleum | 영묘

통치자 또는 존경받는 위대한 사람들의 시신을 모시는 무덤 건축물이다.

히바 | 이슬람 호자 미나렛

사마르칸트 | 티무르 영묘

**Muqarnas** | 무하르나스

이슬람 건축에서 건물 상층부 또는 천장 부분을 장식하는 데 사용하는 기법으로 외형은 벌집 또는 종유석 같은 기하학적 모양을 하고 있다.

부하라 | 압둘라지즈칸 마드라사

사마르칸트 | 비비하눔 모스크

부하라 | 볼로하우즈 모스크

## Mihrab | 미흐라브

모스크 내의 사방 벽 중에서 메카 방향에 만들어져 있는 아치형 벽감으로 예배 방향을 안내하는 역할을 한다. 미흐라브의 상부는 무하르나스로 장식된 경우가 많다.

## Pishtaq | 피슈타크

이슬람 건축 양식 중 하나로 모스크, 마드라사와 같은 건축물의 입구에 세워져 있는 사각형 형태의 구조물로 매우 화려함이 특징이다.

## Kufic Calligraphy | 쿠픽 캘리그라피

이슬람 예술에 중요한 것 중 하나가 캘리그라피이며, 쿠픽은 고대 아랍어 서체로 수직과 수평 방향으로 직선이 배열된 것이 특징이다. 피슈타크에서 이런 쿠픽 캘리그라피를 볼 수 있다.

이슬람 사원 입장시 복장 에티켓

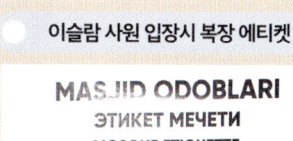

# Food

## 중앙아시아의 음식

중앙아시아는 유목 국가이자 고대 동서 문화의 교차로였던 만큼 페르시아, 몽골, 인도, 아랍 문화와 유목민 전통문화가 어우러져 다양성을 보여주고 있다. 중앙아시아를 대표하는 음식으로는 고기 요리인 샤슬릭과 밥 종류인 필라프 그리고 국수 요리 라그만과 탄두르에서 구워내는 빵 '난'이 있다. 이는 우리 입맛에도 잘 맞을 뿐만 아니라 국가별 독특한 음식문화는 중앙아시아 여행의 또 다른 매력이라 할 수 있다.

01

### Plov
플로프

Pilav, Pilaf, 쁠롭, 오쉬 등 다양한 이름으로 불리는 중앙아시아의 대표 음식으로 일종의 볶음밥(기름밥에 더 가까움)이다. 다른 요리와 달리 플로프만큼은 남자들이 요리하는 전통이 있다. 우즈베키스탄의 플로프가 가장 유명하다.

02

03

### Lagman
라그만

원래 위구르인들의 전통음식이지만 지금은 모든 중앙아시아에서 가장 즐겨 먹는 면 요리이다. 위구르식 볶음 라그만은 '보소 라그만'이라 하며 우즈벡식은 국물이 있는 것으로 '슈르파 라그만'이라 한다.

### Naan
난

중앙아시아의 모든 식탁에 오르는 빵으로 화덕(탄두르)에서 구워낸다. '리뾰쉬카'라고도 하며 우즈베키스탄에서는 논(Non)으로 부른다. 인도식 난과는 그 모양과 맛이 다르다.

### 04 Shashlik
샤슬릭

꼬치에 꽂아 구운 고기 요리로 원래는 주로 양고기를 사용했지만, 현재는 취향에 따라 또는 지역 및 종교적 관습에 따라 쇠고기, 닭고기, 돼지고기를 사용한다. 숯불에 구워져 고기 본연의 맛을 느낄 수 있으며 곁들여 나오는 양파와의 조합이 환상적이다.

### 05 Samsa
삼사

중앙아시아 모든 지역에서 맛볼 수 있는 간식으로 양파와 고기 또는 감자로 속을 채워 구워낸 음식이다. 삼각형 모양이 특징이라 모양만 보고도 이 음식이 삼사인지 알 수 있다.

### 06 Gumma
굼마

우즈베키스탄의 전통음식 중 하나이다. 고기가 들어간 반달 모양의 군만두로 삼사와 비슷하지만 삼사보다 커서 한 끼 식사로도 충분하다.

### 07 Tuxum Barak
투훔 바락

우즈베키스탄에서도 옛 호라즘(Khorezm)지역을 대표하는 음식으로 Tuxum(달걀)+Barak(만두), 즉 달걀 만두인 셈이다. 달걀로 만든 만두피 안에 달걀 흰자 또는 고기, 야채, 호박 등을 넣어 만드는데 담백한 맛이 일품이다.

### 08 Shivit oshi
쉬비트 오시

투훔 바락과 함께 호라즘을 대표하는 음식으로 히바(Khiva)에서만 맛볼 수 있는 면 요리이다. 면의 색이 초록색을 띠고 있어 Green Noodles로 불린다. 쇠고기 스튜 소스와 함께 먹는다.

04

06

05

08

07

# Food

### ⑨ Mastava
마스타바

감자와 당근, 양파 등의 채소와 함께 고기, 쌀 등이 들어간 우즈베키스탄의 대표적인 수프로 국물이 담백하면서도 시원하다.

### ⑩ Manti
만티

거의 모든 국가에는 고유의 만두가 있는데, 만티는 중앙아시아의 만두 요리이다. 모양도 다르고 어떤 것으로 속을 채워 넣느냐에 따라 맛도 다르다. 메인 요리보다는 간식이나 후식으로 주로 먹는다.

### ⑪ Guksi
국시

중앙아시아에 고려인이 정착하면서 널리 퍼진 국수 요리. 우리의 잔치국수와 비슷해 보이지만 새콤하게 만든 고기 육수에 각종 고명을 올려놓은 냉국수로 색다른 맛을 느낄 수 있다.

### ⑫ Naryn
나린

얇고 짧게 썬 국수와 Kaz(카즈 : 절인 후 말린 말고기)를 섞은 요리로 우즈베키스탄에서 현지인들이 즐겨 찾는 음식 중 하나이다. 특히 타슈켄트에서 많이 볼 수 있다.

### ⑬ Beshbarmak
베쉬바르막

다섯 손가락이라는 뜻을 가진 키르기스스탄과 카자흐스탄의 전통 음식. 납작한 면을 양고기 또는 말고기 삶은 물에 끓인 후 삶은 고기를 올려 양파 소스와 함께 먹는다. 도구가 없던 옛날, 손으로 먹는다고 해서 다섯 손가락이라는 이름이 붙여졌다고 한다.

### 14 Qazi
카지

유목민족 국가의 전통 음식으로 말고기 순대이다. 말의 갈빗살을 사용하며 차게 해서 먹기 때문에 전채 요리로 사용된다.

### 15 Kuurdak
쿠르닥

카자흐스탄과 키르기스스탄에서 즐겨 먹는 전통음식으로 양고기, 말고기 등을 감자와 각종 야채를 볶아 놓은 음식이다. 카자흐스탄에서는 양의 내장을 첨가하여 만드는 게 특징이다.

### 16 Ashlan fu
아쉴란푸

중국의 무슬림 소수민족인 둔간족에 의해 키르기스스탄에 전해진 음식으로 밀가루와 전분가루로 만든 두 가지 면에 달고 시큼한 갖은양념의 소스를 얹어 먹는 차가운 수프라 할 수 있다. 카라콜 지역 아쉴란푸가 유명하다.

### 17 kumis
쿠미스

말젖을 발효시켜 만든 건강 음료. 키미즈의 톡 쏘는 맛과 막걸리를 먹는듯한 향이 있어 호불호가 있을 수는 있다. 케피르(Kefir)나 아이란(Ayran)을 먹어보고 입맛에 맞았던 사람들은 분명 좋아할 맛이다.

# Shopping
## 중앙아시아 쇼핑 List

### 1. Splat
**치약**

러시아 제품으로 알려진 Splat 치약은 화학물질보다 자연 성분을 더 많이 함유하고 있으며, 합성 색소, 트리콜로산, 클로르헥시딘과 같은 건강에 해로운 물질을 첨가하지 않은 제품이다. 맛과 효능에 따라 여러 종류가 있으며, 중앙아시아의 대형 슈퍼마켓에서 쉽게 살 수 있다. 미백 기능이 뛰어난 BLACKWOOD와 항균, 항바이러스 효과가 있다는 SILVER가 대표적이다. 가격은 국내 해외직구 가격에 비해 매우 저렴해서 선물용으로 인기가 많다.

### 2. Ат-Башинский МЁД
**아트바시 꿀**

키르기스스탄의 대표적인 특산물로 White Honey로도 잘 알려진 아트바시 꿀은 국제적으로 인정받은 프리미엄 천연 꿀이다. 수많은 국제 양봉 대회에서의 수상 경력을 갖고 있다. '아트바시'는 해발 2,300m에 있는 키르기스스탄의 청정 지역을 말하며, 이 지역에서 생산되는 꿀 중에서도 White Honey는 면역 체계 강화, 신진대사 촉진 및 개선의 효능은 물론 화상, 궤양, 종기, 습진, 백반증 등의 치료에도 효과적이라고 한다. 꿀이 흰색인 이유는 특정 꽃(Sweet clover, Alfalfa, Sainfoin)에서 얻은 꿀로 꽃에 있는 포도당이 효소에 의해 글루코산으로 바뀔 때 하얀 기포가 발생하여 꿀 전체가 하얗게 변하기 때문이라고 한다. 국내에서도 판매가 되는 제품으로 현지에서는 매우 저렴하니 선물용이 아니더라도 하나쯤은 꼭 구매해서 먹어보자.

### 3. Halva
**할바**

중앙아시아 및 중동 지역 등에서 먹는 과자의 일종으로 아랍어 '할와(حلوى halwá)'에서 유래하였다. 현지인들이 간식으로 즐겨 먹는 것으로 견과류 베이스에 캐러멜을 섞어 만들어 마치 딱딱한 비누 형태를 하고 있으나 입에 넣으면 사르르 녹기 시작하면서 달고 고소한 맛이 난다.

## 4.
### Brandy
### 브랜디

우리에게는 잘 알려지지 않았지만, 키르기스스탄의 브랜디(코냑)가 꽤 유명하다. 맛과 향이 풍부해 다른 코냑은 물처럼 느껴진다고 하는 애호가도 있다고 한다. 키르기스스탄의 특산품 중 꿀과 함께 쇼핑 목록에 넣어 두자.

## 5.
### Chocolate
### 초콜릿

한국의 롯데제과가 인수한 Rakhat 社에서 생산되는 초콜릿 중 하나로 카자흐스탄 국기로 포장이 되어 있어 선물용으로 좋다. 공항 면세점에서도 판매되고 있지만 시내 슈퍼마켓보다 많이 비싸다.

● 우즈베키스탄의 다양한 수공예품

각국의 대표 맥주

천산 Тянь Шань

아르빠 apna

SARBAST

# Silk Road

## 실크로드란?

실크로드는 기원전 130년부터 기원후 1453년까지 고대 중국과 서역 각국 간에 교역 및 정치 경제 문화를 이어 준 교통로를 의미한다.

중앙아시아는 이 실크로드의 중심에 있었으며 지금까지도 고대 실크로드의 흔적이 곳곳에 남아 있다.

교역 물품 중에 비단이 차지하는 비중이 높아 '실크로드'라 불리게 되었고, 기원전 138년 한나라 고조 유방은 흉노족 토벌을 위해 우호국인 월지족(지금의 타슈켄트 지역에 살던 민족)에 장건을 특사로 파견했는데 장건은 원정길에 중앙아시아의 여러 문화와 문명을 접하면서 중국의 신장지역과 중앙아시아 지역의 도시들을 연결함으로써 실크로드를 개통한 장본인이라고 할 수 있다. 우즈베키스탄의 사마르칸트 지역을 중심으로 도시와 교역로가 형성되었으며, 타슈켄트와 알마티 등은 19세기 러시아의 영향으로 조그마한 마을에서 도시로 된 경우이다.

이렇듯 중앙아시아 대부분의 도시는 중국과 서방세계 간의 많은 민족의 이동 경로로서 자연스럽게 생겨난 것이라 볼 수 있다.

오랜 기간 동서양의 문물을 서로 알려주던 실크로드는 1453년 비잔틴 제국이 오스만 제국에 의해 무너지고, 오스만 제국이 실크로드의 고대 경로를 폐쇄하면서 유럽과의 모든 연결 고리가 차단 되었으며, 중세 이후 해로가 대중화되면서 그 중요성이 쇠퇴하였다.

그러나 그 경로를 따라 확립된 문화적 유산은 역사적으로 중요한 가치를 갖고 있다.

## 중앙아시아의 고려인

러시아와 중앙아시아를 포함한 구소련 지역에 살고 있는 한국인 교포를 통틀어 일컫는 말로 중국에서는 조선족이라 말한다. 현지에서는 한국인을 뜻하는 러시아어 카레이츠라고도 한다.

# Корейцы:

러시아 제국에 유입된 한인들의 진출 경로는 대략 두 가지의 경우로 요약된다.

첫 번째는 한반도를 지배하고 있던 일본이 1939년과 1945년 사이 한반도에서 사할린으로 15만 명 이상의 일반노동자 그리고 군 징용 노동자를 징발의 하나로 보냈는데 상당수가 해방 후 귀국했음에도 불구하고 현지에서 가정을 가졌거나 일자리를 찾아 그곳에 정착한 경우이다.

두 번째는 1937년 소련의 극동 지역에 거주하고 있던 고려인 약 17만 명이 스탈린 정권의 강제 이주 정책에 따라 중앙아시아로 이주하여 정착한 경우이다.

중앙아시아의 고려인들은 대부분 1860년대 초 가난을 피해 북한지역을 거쳐 연해주로 넘어갔다가 1922년 연해주 지역이 소비에트화로 국경이 폐쇄되자 그대로 살다가 1937년 스탈린에 의해 중앙아시아로 강제 이주 당한 경우이다. .

현재 CIS 지역 내 형성된 고려인은 대략 50만 명에 달한다고 한다. 이 중 가장 많이 사는 지역은 우즈베키스탄과 카자흐스탄이다.

1937년에 단행되었던 극동 지역 고려인의 강제이주에 관한 원인으로는 아래와 같이 세 가지이다.

첫 번째는 극동 지역에서 있을지도 모르는 일본 첩자의 활동을 미리 방지하자는 것이었는데 이는 고려인과 일본인이 비슷하게 생겼기 때문에 일본 첩자를 가려내기가 어렵다는 이유로 고려인들을 강제로 이주시켰다는 논리이다.

두 번째는 극동 지역에 거주하고 있던 고려인들의 규모가 커지다 보니 향후 영토적 자치 요구가 있을 것으로 판단하여 미래에 있을지 모르는 이러한 가능성을 사전에 차단할 필요성이 있다고 보았던 것이다.

세 번째는 당시 소련에서 실시된 농업집단화 정책의 하나로 중앙아시아 지역에 인구를 공급하고 아울러 농업생산력 증대를 위한 인위적인 인구 유입책이 필요하였던 것이다.

결국 이러한 복합적인 이유로 인해 많은 한인은 열악한 열차의 화물칸에서 죽음과 공포에 떨며 어렵게 도착한 낯선 곳에서 새로운 삶이 시작되었다. 이러한 민족적 차원의 비극적 성격에도 불구하고 그들의 뛰어난 역량으로 인하여 현재 한국의 유라시아 정책과 관련되어 강력한 네트워크 구축의 중심 역할을 할 수 있는 기반을 마련했다고도 볼 수 있다.

# Business

## 중앙아시아 비즈니스의 첫걸음

한국과 중앙아시아의 경제 관계는 상호 보완적으로 되어 있는 것처럼 중앙아시아의 국가간에도 산업 분야에 매우 서로 보완적 관계에 있는 것 같다. 하지만 불안정한 대외여건과 중앙아시아의 자국 제조업 장려 움직임 가운데 전통적인 방법만으로 그들의 목마름을 채워줄 수 없는 현실이 다가왔다.

한국과 중앙아시아는 반세기 가까이 단절된 관계로 이념적인 경계를 둔 사이였음에도 불구하고 경제적으로는 먼저 가까워져 수교 이후에도 교류를 지속해 왔다. 차츰 양국 교역과 투자가 늘어났고, 그 규모는 2000년대 들어 급속히 확대됐다. 하지만 세계 경제 위기와 불안정한 국제정세로 이제는 중앙아시아도 자원 장사 외에 고용 창출이 높은 제조 산업의 자생력을 키워야 하는 상황에 부딪혔다. 이전에는 없던 새로운 정책들을 발표했고, 투자 유치 활동을 전개하고 있다. 이에 우리도 중앙아시아 정부 정책의 움직임에 발맞추어 이전과는 다른 중장기 사업 전략을 준비해야 한다. 한국의 LG가 오래전부터 공장 가동과 창고 운영, 현대와 기아자동차, 삼성, 롯데제과 등 현지화 정책과 훌륭한 마케팅으로 중앙아시아 시장에 이미 잘 정착했다. 그리고 이제 중앙아시아는 자원을 포함하여 새로운 자국 제조업의 발전이 필요하고, 한국기업들이 여기에 기여하길 간절히 원하고 있다. 잠재력이 다분한 현지 시장에 눈을 돌려 주의 깊게 관찰하면 틈새가 있고 기회는 존재한다. 그렇다면 우리 기업들이 진출 가능한 관심 높은 분야로는 어떤 것들이 있을까? 업체, 사안, 시장별로 각각 차이는 보일 수 있겠으나, 자동차와 전자제품 등 잘하고 있는 분야와 정부 간 정책적인 협력이 필요한 자원 협력 분야를 제외한 사업 확대가 가능한 유망한 분야로 크게 은행 대부업 분야, 플랜트, 자동차 부품, 화장품과 식품, 의료기기, 모바일게임 등 대부분이 한국에서 유행했던 사업들이 추후 가장 성공적인 사업으로 될 가능성이 있다고 본다. 하지만 사업이란 이 지역 자체가 오랜 기간 러시아에 종속되어 왔고 공산주의에 70여 년 동안 지배되어 왔기에 사회문화와 산업 그리고 사람들의 성격이 우리와 차이가 많은 만큼 실무적으로 어떻게 이 지역에 접근할지 대략 살펴보자.

## 사업 결정의 팁

중앙아시아는 크지만 익숙하지 않은 시장이다. 이곳에 들어가 살아남으려면 먼저, 처음 출발선을 잘 끊어야 한다. 이론과 실제는 늘 다를 수도 있다는 사실을 놓치면 안 된다. 현재 내가 고려하고 있는 사업이나 관련 아이템 선정에서 아래 내용을 먼저 검토해 보자. 앞으로 확대 가능성이 있는지, 다른 누군가의 도움보다 혼자 진행하는 것이 더 나은지를 먼저 체크하자. 사업을 시작하고서 발생할 수 있는 어려움에 당황하지 않으려면 사전 점검이 가장 중요하다.

① 첫째, 중국과 경쟁이 될 수 있는 제품은 피하는 것이 좋다.

중앙아시아에도 중국으로부터 넘어온 공산품과 식료품, 그리고 인력까지 시장에 넘쳐나는 상태이다. 특히 중국과 국경을 인접해 있거나 왕래가 많은 카자흐스탄, 키르기스스탄 지역에서는 중국 제품들이 시장의 상당 부분을 차지하고 있다. 아무래도 가격 경쟁력이나 운송 측면에서 중국산 제품과 경쟁하여 살아남기란 쉽지 않다. 현지에서 인기가 좋아 너도나도 진출한 제품이라면 더욱 선택하지 않는 편이 좋다. 브랜드 인지도나 제품의 특화 및 차별화 차원에서 경쟁 우위에 있다면 모를까, 시장 내 판매 네트워크 형성에 경쟁이 치열해서 가격 인하와 열악한 지급 조건만 요구받게 될 것이다.

② 둘째, 역량 있는 딜러와의 관계가 핵심이다.

제품의 품질이 좋고 나쁨과 상관없이 중앙아시아 시장에서는 딜러가 어떤 식으로 마케팅하느냐가 관건이다. LG, 삼성, 현대처럼 잘 알려진 글로벌 대기업을 제외하고는 광고하더라도 현지 소비자들이 특정 제품을 인식하는 데 꽤 많은 시간이 소요되는 편이다. 따라서 소매 상품이라면 더욱 제품에 대하여 잘 알고 사업을 수행할 수 있는 현지 딜러의 역할이 매우 중요해지는 것이다. 딜러 대상으로 제품에 대한 사전 스터디와 교육을 진행하고 사업 영역을 확장했을 경우 파격적인 인센티브로 대우해 준다면, 다른 어떠한 광고 효과보다도 더 좋은 성과를 가져다줄 수 있다.

③ 셋째, 홍보에 많은 투자가 필요한 아이템은 가급적 선택하지 말자.

땅이 넓고 지역별로 사정도 제각각인 중앙아시아에서는 소비자가 TV, 인터넷 등 대중매체를 통해 상품을 인지하는 정도가 매우 느리며, 알더라도 직접 사용해 보고 제품에 대한 믿음을 가지기까지는 더 오랜 시간이 필요하다. 현지인들에게 상품을 인식시키기 위해 지속해서 광고를 노출하는 등 홍보에 아낌없이 비용을 투입하다 보면 그 액수는 눈덩이처럼 커진다. 중앙아시아에서 짧은 시간 안에 의미 있는 광고 효과를 기대한다면 실망으로 이어지는 것이 대부분이라 투자 대비 성과가 없어 바로 발을 빼게 될지도 모른다. 이 큰 땅에서는 넓은 영토만큼이나 긴 호흡을 가지고 천천히 가야 한다.

④ 넷째, 향후 현지화할 수 있는 제품 진출이 바람직하다.

사업 리스크를 줄이기 위해 단순히 수출입에 의존하여 물건을 사고파는 사업을 한다면, 아무리 큰 성과를 거두었다 하더라도 그러한 상황이 장기간 유지되기는 어렵다. 이내 다른 경쟁업체가 나타나 그 자리를 빼앗고 마진율은 점점 떨어져 결국 리스크를 떠안아야 하는 상황에 부딪히게 되는 것이 다반사이다. 중앙아시아는 초기 진출이 어려운 시장인 만큼, 단기적 이익을 보고 시작하기보다는 오래 살아남을 수 있도록 현지화에 초점을 맞추어가는 것이 좋다. 제품의 생산과 유통이 현지화 기반으로 이루어지면 수익성이나 브랜드 인지도 차원에서 장기적으로 훨씬 효과적이다. 시간이 갈수록 토착 브랜드로서의 믿음이 소비자에게 깊이 뿌리내릴 수 있게 된다. 그러한 사업의 마케팅은 시작부터 준비 과정이 다르고, 결과적으로는 사업 리스크를 더욱 줄일 방안을 마련하는 것이다. 현재 성공적

# Business

# Business

인 현지화가 이루어진 우리 아이템은 대표적으로 자동차를 비롯하여, 라면 및 제과 등 식품들의 분야이다. 단지, 이러한 온전한 현지화 정착을 위해서는 무엇보다 사업 결정권을 가진 국내 경영진이 시장에 대한 이해와 진출 필요성을 가지고 사업에 임하는 것이 핵심이며, 지역 전문가를 투입해 보다 현실성 있게 장기적인 전략을 적극 추진하는 것도 중요하다.

**⑤ 다섯째, 현지 허가가 까다로운 아이템은 긴 시간을 두고 준비하자.**

기본적으로 중앙아시아로 제품을 수출하려면 인증이 필요하다. 그중에서도 현지 제품등록이나 적합성 신고를 의무적으로 득해야 하는 제품들이 있다. 특히 인체의 화학적인 반응에 직·간접적으로 영향을 줄 수 있는 의약품이나 의료기기, 화장품, 화학 제품, 위생 관련 제품 등의 경우 조금 더 복잡한 인증과 등록 절차가 요구된다. 품목에 따라서 짧게는 수 주에서 길게는 몇 년이 걸릴 수 있으므로, 절차를 미리 파악하고 진행 여부를 결정하는 것이 좋다. 현지 등록과 인증을 추진하기로 했다면, 초기에 현지 대리인을 세우기보다는 직접 현지 법인을 세워 해당 법인을 인증 수혜자로 지정하여 진행하는 편이 장기적으로 봤을 때 더 바람직하다. 인증에서 딜러나 대리인으로 이름을 등록하게 되면, 추후 딜러를 교체해야 하는 상황에서 등록 회사가 이를 거절해 큰 낭패를 보게 될 수도 있기 때문이다. 거기에 그치지 않고 소송으로 이어지거나 거액의 금액을 물어줘야 할지도 모른다. 이처럼 허가 취득 대상 제품에 대한 현지 등록에서도 신중한 접근과 오랜 인내는 선택이 아닌 필수 사항이다.

진출하고자 하는 아이템이나 사업이 상기 다섯 가지 조언과 잘 부합되는가? 그래도 단번에 쉽게 성과를 얻을 수 있는 비즈니스 분야는 거의 없다. 결국 계속되는 인내와 신중함이 필요한 시장이다. 그래도 조금이라도 수월하게 시장에 진입하려면 우선 중국 등의 경쟁으로 포화 상태에 있는 사업의 제품보다는 새로운 분야를 선점해야 한다. 유망 분야는 면밀한 사전 현지시장 조사를 통해서만 찾아낼 수 있다. 그렇게 진출 아이템을 잘 선정했다면 인증 절차를 밟고, 장기적으로는 현지화하는 방향으로 조금씩 걸음을 떼어 나가야 할 것이다. 거기에 현지에서 홍보 효과를 얻어줄 수 있는 영향력 있는 딜러 네트워킹까지 구축한다면 천군만마를 얻은 거나 다름없다. 중장기적인 계획을 세우고 꾸준하게 가야 중도 하차하는 일이 없을 것이다. 사업에 대한 결정은 단번에 할지 모르겠지만, 그 이후 정착 과정은 현지 시장을 얼마나 잘 아느냐에 따라 짧게는 몇 년이 될 수도, 길면 십수 년이 될 수도 있다는 사실을 잊지 말자.

---

### 왜 중앙아시아는 국가명에 '~스탄'을 사용할까?

중앙아시아(Central Asia)라는 지명은 독일의 지리학자 훔볼트(Humboldt, 1769~1859)로부터 비롯되었다. 중앙아시아 국가 이름에 붙여서 사용되는 '스탄(stan)'은 페르시아어(ستان -stān)에서 기원한 것으로 지방이나 나라를 뜻하는데, 영어의 state, province와 같은 의미라고 볼 수 있다. 현재 '스탄'이라는 단어를 사용하는 국가는 우즈베키스탄, 카자흐스탄, 키르기스스탄, 투르크메니스탄, 타지키스탄, 아프가니스탄, 파키스탄 7개국으로 모두 중앙아시아 지역에 위치한다는 것과 역사적으로는 페르시아 문화권이라는 공통점을 갖고 있다. 이들 7개국은 이슬람교를 믿으며 과거 역사를 같이했다는 공통점이 있지만, 현재 중앙아시아라고 하는 곳은 아프가니스탄과 파키스탄을 제외한 구소련에서 독립한 5개국을 지칭한다.

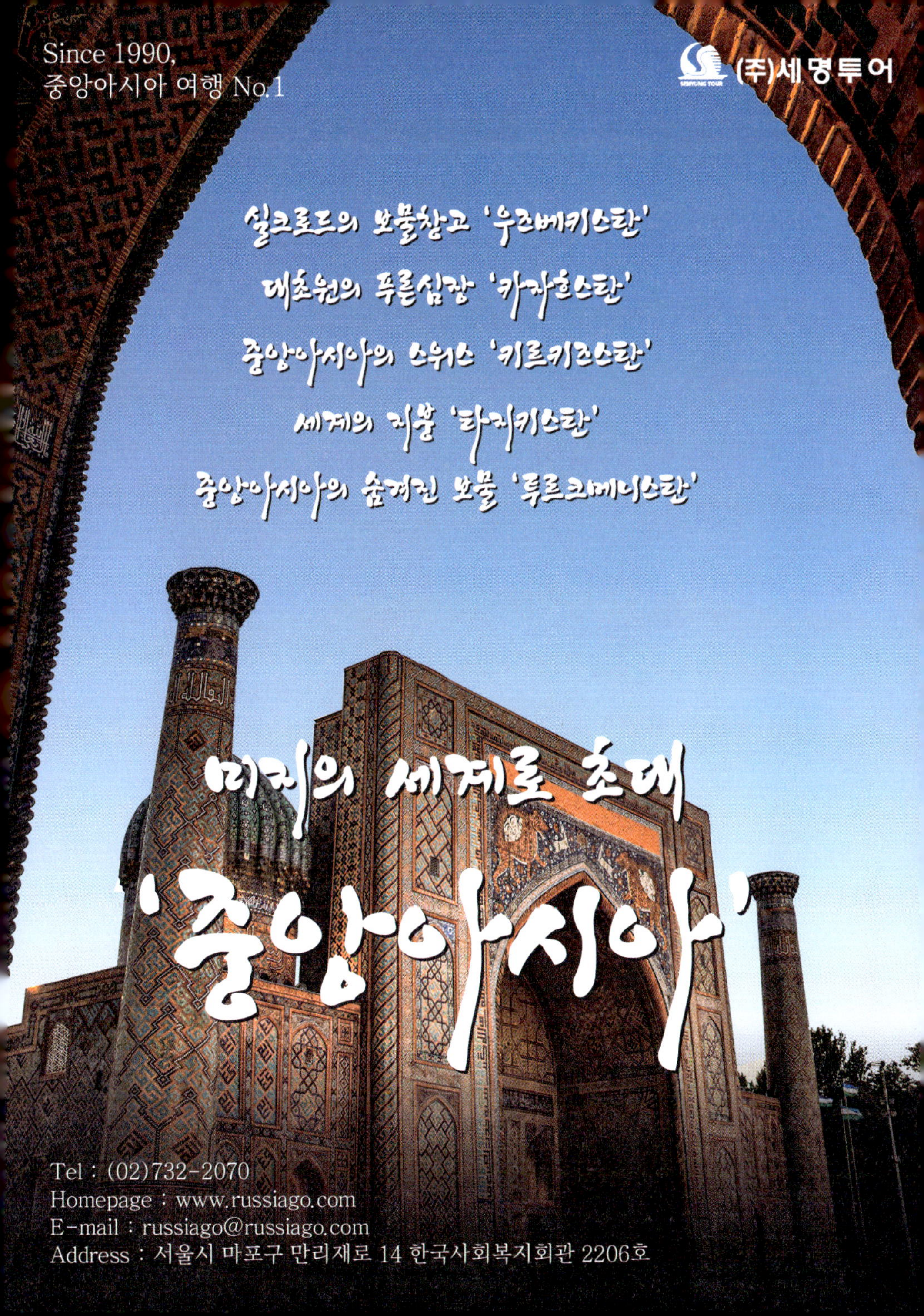

Since 1990,
중앙아시아 여행 No.1

(주)세명투어

실크로드의 보물창고 '우즈베키스탄'
대초원의 푸른심장 '카자흐스탄'
중앙아시아의 스위스 '키르키즈스탄'
세계의 지붕 '타지키스탄'
중앙아시아의 숨겨진 보물 '투르크메니스탄'

미지의 세계로 초대
'중앙아시아'

Tel : (02)732-2070
Homepage : www.russiago.com
E-mail : russiago@russiago.com
Address : 서울시 마포구 만리재로 14 한국사회복지회관 2206호

# Keyword

🔍 여행 정보 키워드

키르기스스탄

카자흐스탄

우즈베키스탄

### 언어
모두 자국어를 사용하며, 러시아어도 잘 통용된다. 일반적으로 영어는 잘 통용되지 않는 편이다.

### 인터넷
인터넷 환경은 좋은 편이다. 대부분의 식당, 카페에서는 무료 와이파이가 제공되며, 유심은 일반 여행 기준 7,000원 ~ 12,000원 정도면 충분하다.

### 환전
미국달러 또는 유로화를 준비하자. 카자흐스탄, 키르기스스탄은 은행 및 사설 환전소가 많아 환전을 손쉽게 할 수 있지만, 우즈베키스탄의 경우 사설 환전소가 거의 없고 은행에서만 가능하다.

※ 길거리에서의 환전은 금물
카드 사용도 보편화되어 있지만 비상용 정도로 생각하고 항상 어느 정도의 현금을 소지하는게 좋다.

## 택시

우즈베키스탄의 히바 등 일부 도시를 제외하고는 반드시 '얀덱스 택시'앱을 사용하자.
※ 길거리에서 운전기사와의 흥정은 금물

## 대중교통

버스 (마르슈트카 포함) 등 대중교통이 잘 되어 있다. 우즈베키스탄의 타슈켄트에서는 지하철 이용 빈도가 높으나, 카자흐스탄 알마티의 경우 1개 노선만이 운행하고 있어 이용 빈도가 낮은 편이다.

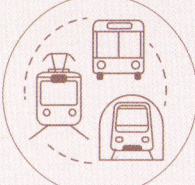

## 호텔

전반적으로 현지 물가에 비해 호텔비는 다소 높다고 느껴질 수 있다.
호텔, 호스텔, 게스트 하우스 등 선택의 폭이 넓은 편이며, 카자흐스탄이 다른 국가에 비해 호텔비가 비싼편이다.

## 치안

일반적으로 치안은 매우 안전하다고 할 수 있다. 하지만 시장 등 관광객이 많이 모이는 곳에서는 소매치기의 우려가 있으니 긴장을 늦추지 말자.

## 인종차별

한국인에 대해서는 매우 우호적이라서 인종차별을 느낄만한 상황은 거의 없다고 할 수 있다.

## 물가

현지 장바구니 물가와 여행객이 체감하는 데는 어느정도 차이가 있을 수 있으나, 아직은 매우 저렴하다고 느낄 수 있다. 우즈베키스탄과 키르기스스탄은 비슷하며 카자흐스탄은 두 나라에 비해 조금 높은 편이다.

## 팁

일반적으로 음식값에 10% ~15%의 서비스 이용료가 같이 청구되므로 추가로 팁을 놓을 필요는 없다.
(추가적인 팁은 상황에 맞게 본인이 선택하면 된다.)

# Application

🔍 중앙아시아 여행 시 유용한 애플리케이션

**얀덱스 택시 Yandex Go**
중앙아시아 여행 시 가장 많이 사용하게 되는 앱으로 이곳에서 바가지요금 없이 택시를 탈 수 있는 유일한 방법이다.

**맵스미 MAPS.ME**
지도 앱으로 데이터 없이 GPS만으로도 사용할 수 있는 것이 특징이며 특히 산악 지대 트레킹 시 매우 유용하다.

**얀덱스 맵 Yandex Maps**
현지인들이 주로 사용하는 지도 앱으로 버스 등 대중교통 정보를 제공하고 있어 매우 유용하다.

**번역기 Google 번역**
현지인들과의 원활한 소통뿐만 아니라 카메라를 이용 메뉴 및 안내문 등의 내용을 쉽게 이해할 수 있다.

**인스타그램 Instagram**
최근 가장 많이 사용하는 SNS의 대표적인 앱으로 현지에서 친구를 사귀거나 정보를 공유할 때 유용하다. 또한 현지 투어 일정 확인 및 예약 시에도 필요하다.

**왓츠앱 WhatsApp Messenger**
전세계에서 가장 많은 사람이 사용하고 있는 글로벌 모바일 메신저이다. 해외여행 시 호스텔 및 게스트하우스 그리고 투어 예약 시 담당자와 소통할 때 주로 사용된다.

**부킹닷컴 Booking.com**
전세계 호텔은 물론 호스텔과 게스트하우스 예약이 가능하며 실적이 쌓이면 다양한 추가 할인 혜택도 받을 수 있다.

**환율계산기 환율 플러스**
App Store에서 제공하는 환율 계산기로 전세계 통화를 무료로 변환하고 실시간 환율 정보를 제공한다.

**트레킹 정보** https://www.asia-hikes.com/category/central-asia
다양한 트레킹 코스를 사진과 함께 자세히 설명해 주고 있으며, GPS파일도 제공하고 있다.

---

## 얀덱스 맵 Yandex Maps 사용법

요즘에는 여행 시 종이로 된 지도보다는 핸드폰에서 구글 지도를 사용하는 경우가 더 많다. 하지만 중앙아시아 지역 여행 시에는 구글 지도 보다 얀덱스 지도가 훨씬 유용할 때가 많다. 현지인들도 대부분 이 지도를 이용한다. 얀덱스 지도의 최대 장점은 현지 대중교통 이용 시 버스 노선도를 볼 수 있다는 것이다. 이외에도 카페, 레스토랑 등의 평점과 후기가 현지인들 기반으로 작성되어 좀 더 객관적이라고 할 수 있다.

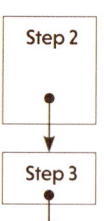

**Step 1** 모바일앱 다운 받기 (Yandex map으로 검색 후 Yandex Maps and Navigator 설치)

**Step 2** 앱을 실행하면 현재 위치가 표시되며 목적지를 설정하면 이동 수단에 따른 소요 시간이 표시된다. 현재 위치가 아니더라도 출발과 도착지점을 설정해도 볼 수 있어 출발 전 여행계획을 세울 때 유용하다.

**Step 3** 더욱 편리한 것은 중앙아시아 여행 시 필수 앱인 얀덱스 택시와 연계되어 있어 택시 요금이 표시되며 택시를 부를 수도 있다.

**Step 4** 대중교통 이용 시 정류장 표시를 클릭하면 그곳에 정차하는 모든 버스 번호가 나오며 몇 분 후 도착이라는 시간까지 표시된다. 버스 번호를 클릭하면 노선도가 지도에 표시가 되어 쉽게 원하는 버스를 찾을 수 있다.

## 얀덱스 택시 앱 사용법

중앙아시아는 비교적 택시비가 저렴한 편이라 공항에서 시내로 이동할때 뿐만 아니라 시내에서도 택시를 자주 이용하게 된다. 현지 심카드를 넣은 핸드폰만 있다면 어렵지 않게 이용할 수 있으며, 여행객에게 흔히 발생하는 바가지요금을 쓰지 않는 유일한 방법이다. 우리나라와 달리 이곳은 대부분 자가용을 이용해 택시 영업을 하고 있어 'TAXI'라고 쓰인 차는 별로 없으니 택시 호출 후 차가 도착했을 때 당황하지 않도록 하자.

**Step 1** 모바일앱 다운 받기 (Yandex Go로 검색)

**Step 2** 앱을 실행하면 현재 위치가 지도에 표시되며(이때 지도를 손으로 움직여 정확한 위치를 설정하는 게 좋다.) 아래 Where to?라고 쓰인 곳을 클릭 후 목적지의 주소를 정확히 입력 또는 지도를 움직여 목적지 주소에 갖다 놓는다.
(앱을 설치하고 첫 번째 Order 전 본인 핸드폰으로 인증 번호 메시지를 확인하고 인증 절차를 거쳐야 한다.)

**Step 3** 화면에 표시된 출발지와 목적지를 다시 한번 확인하자. 화면에는 예상 경로와 출발지에 몇 분 후 도착 예정인지 표시된다. 그다음 화면 아래 택시 종류(Economy, Comfort, Business, Minivan)와 요금을 확인하고 원하는 것을 선택한다. 결제 방식은 여행 중이라면 가급적 Cash를 선택하자.

**Step 4** 화면에는 지도에 현재 택시의 위치와 내 장소가 표시되며 아래에는 도착까지 남은 시간 그리고 운전기사의 사진과 함께 차량의 종류 및 색상, 번호가 표시된다.
(예: Toyota Prius, White   RR067WW)

> **tip** 도착까지의 시간이 1분으로 표시가 되면 거의 도착했다고 볼 수 있으니 차량 색상과 번호를 확인하고 손을 들어 표시하자. 만약 도착하였다는 메시지가 떴는데도 차가 보이지 않을 때는 주변에서 찾아야 한다. 그래서 복잡한 길거리의 경우 픽업 주소지를 가급적 주변의 호텔이나 레스토랑 등 큰 건물로 하고 그곳에서 기다리는 게 좋다.

**Step 5** 목적지에 도착하면 요금을 지불하고 하차한다. 현금 지불의 경우 고액권이면 잔돈이 준비되지 않은 경우가 많으니 탑승 전에 미리 소액권으로 준비해 두는 게 좋다. 도착하면 앱의 마지막 단계에서 운전기사를 평가하는 화면이 나오기 때문에 운전기사들은 대부분 친절하다.

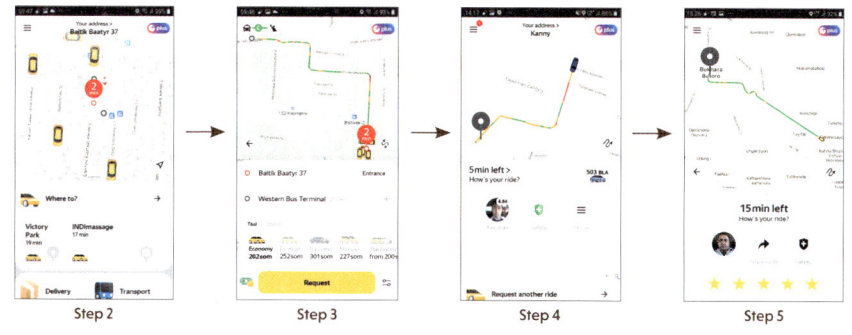

# Travel Conversation

🔍 중앙아시아 3국 여행 회화

| | | 카자흐스탄 | 키르기스스탄 | 우즈베키스탄 |
|---|---|---|---|---|
| 안녕하세요! | 현지어 | Сәлеметсіз бе! | Саламатсызбы | Assalomu alaykum! |
| | 발음 | 살레매트시즈 뱨 | 살라맛스즈브 | 앗사라무 알라이쿰 |
| 감사합니다. | 현지어 | Рақмет | Рахмат | Rahma |
| | 발음 | 라크메트 | 라흐맛 | 라흐맛 |
| 죄송합니다. | 현지어 | Кешіріңіз. | Кечиресиз | Kechirasiz |
| | 발음 | 게씨르니즈 | 케치레시즈 | 케쥐라시즈 |
| 부탁합니다. | 현지어 | Өтінемін. | сунанам | Iltimos |
| | 발음 | 오뜨네믄 | 수라남 | 일티머스 |
| 네. | 현지어 | Иә. | ооба | Ha |
| | 발음 | 이야 | 오오바 | 하 |
| 아니오. | 현지어 | Жоқ | жок | Yo'q |
| | 발음 | 조크 | 족 | 역 |
| 나는 한국사람입니다. | 현지어 | Мен кәріспін. | мен корей адамы | Men Koreyalikman |
| | 발음 | 멘 카르스쁜 | 멘 코레이 알라믜 | 멘 커레얄릭만 |
| 이것은 얼마입니까? | 현지어 | Бұл қанша тұрады? | Бул канча сом? | Necha pul? |
| | 발음 | 불 칸싸 뚜라드 | 불 칸 차솜? | 네챠 풀? |
| 맛있습니다. | 현지어 | Дәмді. | даамдуу | Mazali |
| | 발음 | 담드 | 담두 | 마잘리 |
| 메뉴 추천해 주세요. | 현지어 | Мәзірді ұсыныңыз | менюдан сунуш кылыныз | Menyuda nimani tasiya qila olasiz |
| | 발음 | 마즈르드 오스느늣 | 메뉴단 순누쉬 키리늬즈 | 메뉴다 니마니 타브시아 킬라 올라시즈 |
| 매표소 | 현지어 | Билет Кассасы | билет касса | Kassa |
| | 발음 | 빌롓 까싸스 | 빌롓 까사 | 카사 |
| 티켓 | 현지어 | Билет | билет | Chipta |
| | 발음 | 빌롓 | 빌롓 | 치프타 |

| | | | | | |
|---|---|---|---|---|---|
| 화장실 | 현지어 | Дәретхана | | дараткана | Hojatxona |
| | 발음 | 다렛하나 | | 다라트카나 | 호잣호나 |
| 공항 | 현지어 | Әуежайлар | | аэропорт | Aeroport |
| | 발음 | 아우에자이 | | 아에로포르트 | 아에로포르트 |
| 기차역 | 현지어 | Теміржол Вокзалы | | поезд | Vokzal |
| | 발음 | 떼미르졸 워크잘 | | 뽀에지드 | 버크잘 |
| 버스터미널 | 현지어 | Автовокзал | | вокзал | Avtovokzal |
| | 발음 | 아우토워크잘 | | 보크잘 | 압따바크잘 |
| 출발 | 현지어 | Кету | | чыгуу | Jo'nash |
| | 발음 | 께뚜 | | 치구 | 조나쉬 |
| 도착 | 현지어 | Келу | | келуу | Kelish |
| | 발음 | 껠류 | | 켈루 | 케리쉬 |
| 환전 | 현지어 | Валюта Айырбастау | | акча алмаштыруу | Valyuta Ayirboshlash |
| | 발음 | 왈류따 아이르바스따우 | | 악차 알마쉬트루 | 바류타 아이이르버쉴라쉬 |
| 호텔 | 현지어 | Қонақ үй | | отель | Mehmonxona |
| | 발음 | 고나크 우이 | | 오텔 | 메흐머느허나 |
| 에어컨 | 현지어 | Кондиционер | | кондиционер | Konditsioner |
| | 발음 | 컨디찌오네르 | | 콘디셔네리 | 컨드찌어네르 |
| 난방 | 현지어 | Жылыту | | отопление | Isitish |
| | 발음 | 즐르투 | | 아따쁠레니에 | 이스트쉬 |
| 슈퍼마켓 | 현지어 | Супермаркет | | магазин | Supermarket |
| | 발음 | 수빼르마르켓 | | 마가진 | 슈페르마르켓 |
| 1(숫자) | 현지어 | бір | | бир | bir |
| | 발음 | 비르 | | 비르 | 비르 |
| 2(숫자) | 현지어 | екі | | эки | ikki |
| | 발음 | 예끼 | | 에키 | 이키 |

*interview*

①
평범한 직장인 블로거
**꿀떡**

https://m.blog.naver.com/
do_haso

**여행 시기** 2023년 9월
**전체 여행 기간** 11박 12일
**방문 국가 및 도시**
- 카자흐스탄 : 알마티, 차른, 콜사이
- 키르기스스탄 : 비슈케크, 카라콜, 제티오구즈, 악수(알틴아라산), Pristan'-Przheval'sk, 알라아르차

**이용 항공사**
IN 아시아나 (알마티)
OUT 티웨이 (비슈케크)

**여행 총 경비 (항공료 포함)**
150만원

## 여자 혼자 떠난 중앙아시아 여행

여행하는 걸 좋아해 떠돌아다니다가 중앙아시아까지 가게 되었다는 그녀는 카자흐스탄과 키르기스스탄이 정보도 없고 생소한 여행지지만 친절한 사람들, 그곳에서만 볼 수 있는 풍경들, 한국인도 거부감 없이 먹을 수 있는 맛있는 음식 등 매력이 넘치는 곳이라며 가성비 좋은 최고의 여행지라고 한다.

### 이번 여행의 목적지로 중앙아시아를 선택하게 된 특별한 이유가 있나요?

처음부터 중앙아시아를 목표로 여행을 계획한 건 아니었습니다. 추석쯤 여행을 가려고 알아봤는데 웬만한 여행지는 항공료가 많이 올라있었습니다. 여행경비를 많이 쓸 수 있는 상황이 아니라 항공료가 저렴하고 현지 물가도 낮은 나라 위주로 검색하다가 우연히 중앙아시아를 발견했습니다. 열흘 정도 여행을 즐길 수 있을 만큼 볼거리도 충분히 많고 치안이 좋아 관심 가던 차에 카자흐스탄과 키르기스스탄은 비행기 직항까지 있어 바로 여행지로 결정했습니다.

### 여행을 떠나기 전에 준비하시면서 가장 어려웠던 부분은 무엇이었나요?

역시 정보가 없는 점이 가장 어려웠어요. 보통 블로그나 유튜브에서 여행 후기를 검색하는 편인데 중앙아시아는 아무리 검색해도 나오는 정보가 한계가 있었고 제가 원하는 정보를 찾기 어려웠습니다. 해외 블로그와 러시아어 사이트를 번역해 가면서 준비했지만 결국 일정의 30%는 숙소조차 예약하지 못하고 떠나게 되었습니다. 항상 여행 일정을 미리 계획하는 저에게 이런 상황은 큰 스트레스였고 한국에 돌아와 이를 악물고(?) 블로그와 유튜브에 후기를 남기게 된 계기가 되었습니다.

### 이번 여행 중 가장 기억에 남는 게 있다면?

여행을 하다 보면 멋진 풍경, 맛있는 음식 모두 특별하지만 결국 가장 기억에 오래 남는 건 사람인 것 같습니다. 이번 여행에서도 좋은 분들을 많이 만났는데 가장 처음 만난 분

은 카자흐스탄 알마티에 도착하자마자 만난 택시 아저씨였습니다. 알마티 공항에서 호스텔까지 택시를 불러 이동했는데 외국인인 걸 보시더니 아저씨가 계속 대화하고 싶어 하셨어요. 제가 러시아어를 할 줄 몰라 번역 어플을 이용해 어설프게 대화를 이어갔습니다. 알고 보니 한국에서 일했던 적이 있으셔서 한국에 좋은 추억이 있는 분이셨어요. 한참 대화를 하던 중 갑자기 한국에 대한 보답과 카자흐스탄에 도착한 환영의 의미로 택시비를 안 받겠다고 하시는 거예요. 제가 너무 당황해 어떻게든 택시비를 드리려고 했지만 한사코 거절하셨습니다. 호스텔에 도착했을 때, 비가 오고 있어 뛰어가려 하자 호스텔 직원에게 직접 전화해 우산까지 챙겨주셨습니다. 이분 덕분에 여행 내내 따뜻한 마음으로 다닐 수 있었고 많은 사람의 대가 없는 호의가 있기에 제가 감사히 여행할 수 있다는 걸 다시 실감합니다.

### 카자흐스탄과 키르기스스탄에서 내가 추천하고 싶은 곳

여행 후에 기억에 남는 장소를 물어보신 분들이 많았는데 제 대답은 항상 같았습니다. 카자흐스탄은 빅알마티호수, 키르기스스탄은 알라쿨호수예요. 카자흐스탄의 빅알마티호수는 큰 기대 없이 갔다가 가장 놀란 곳입니다. 사진에서는 평범했는데 직접 보니 믿기지 않을 정도로 멋졌어요. 호수가 처음 보는 하늘색으로 코팅해 놓은 것처럼 반짝거렸어요. 호수를 따라 걸으면서 조금만 풍경이 달라져도 처음 보는 것처럼 감탄했어요. 아마 10m마다 멈춰 서서 정신없이 사진 찍었던 것 같아요. 시간만 더 있었다면 안쪽까지 천천히 트레킹 하고 싶었는데 투어 시간이 정해져 있어 아쉬웠어요. 나중에 알아보니 폐쇄하는 날이 많아 가기 쉽지 않은 곳이더라고요. 제가 그곳에 갈 수 있었던 것, 날씨가 좋아서 멋진 풍경을 볼 수 있었던 것 모두 운이 좋았던

것 같아요.
키르기스스탄의 알라쿨호수는 호수도 멋있었지만, 호수까지 가는 트레킹 길이 정말 멋졌어요. 요즘 키르기스스탄이 중앙아시아의 스위스라고 불리는데 스위스와는 다른 이곳만의 매력을 알 수 있는 길이었어요. 산을 배경으로 강을 따라 넓게 펼쳐진 평야나 산 중턱에서 야생마들이 무리 지어 쉬는 모습이 기억에 남아요. 저는 말을 타고 올라갔지만, 너무 무서워서 다음에 간다면 여유 있게 걸어서 올라가고 싶어요.

### 여자 혼자 떠나는 여행지로서 중앙아시아(카자흐스탄 및 키르기스스탄)는?

여행 전 중앙아시아에 대한 정보가 많이 없어서 그만큼 치안에 대한 걱정이 컸습니다. 결론부터 말씀드리면 치안이 생각보다 좋았어요. 개인적으로는 유럽에서보다 덜 긴장했는데 소매치기, 강도를 걱정하지 않아서 그런 것 같아요.
의외였던 점은 저녁에도 비교적 안전했다는 거예요. 카자흐스탄 알마티에서 투어가 늦게 끝나 11시 가까운 시간에 도시에 도착했는데 버스정류장에 사람이 많았고 택시도 쉽게 잡을 수 있었습니다. 호스텔 직원이나 여행 가이드와 얘기해 보면 현지 사람들도 밤에 다니는 것에 익숙해 보였습니다. 앱으로 택시를 부르기 때문에 더 안전하다고 느꼈어요.
특히 제가 치안이 좋다고 느낀 부분은 캣콜링이 없었습니다. 가끔 말 거는 사람이 있었지만, 불편한 모습을 보이면 그 이상 다가오지 않았어요. 도움을 요청할 때는 친절하게 대답해 주고 그 외에는 외국인 혼자 걸어도 이목이 쏠리는 분위기가 아니어서 편하게 여행했습니다..

### 중앙아시아로 여행을 계획하고 있는 예비 여행자들에게 유용한 정보(나만의 Tip)가 있다면 소개해 주세요.

Yandex Maps 지도 앱을 설치하고 가시라고 말씀드리고 싶어요. 해외 여행할 때 대부분 구글 지도를 사용하지만, 이곳은 영어 문화권이 아니라서 구글 지도에 정보가 없는 경우가 많습니다. 대중교통 경로를 찾기 좋고 택시를 잡을 때도 Yandex 택시 앱과 바로 연동되어 편리합니다. 저는 로컬 맛집을 찾을 때도 유용하게 사용했어요.
한 가지 더 추가 드리면 키르기스스탄 비슈케크와 카라콜 사이를 이동할 때 GoBus가 정말 유용했어요. 보통 마르슈트카를 많이 이용하고 저도 카라콜에 갈 때는 마르슈트카를 타고 갔는데 자리가 좁고 매연이 계속 들어와서 6시간 내내 고생했어요. 비슈케크로 돌아갈 때는 GoBus를 알게 됐는데 시설이 아주 좋지는 않지만 마르슈트카에 비하면 공항리무진이 따로 없었습니다. 이동시간이 긴 만큼 조금이라도 편하게 가고 싶은 분들에게 추천해 드려요.

# 여행 유튜버의 좌충우돌 중앙아시아 여행

*interview*

**2**
여행유튜버
**장원서**
https://youtube.com/@noideatravel
@jang1seo

### 이번 여행의 목적지로 중앙아시아를 선택하게 된 특별한 이유가 있나요?
네팔 안나푸르나 트레킹을 하면서 만난 분들의 추천으로 중앙아시아 여행을 하게 되었어요. 마음을 압도하는 자연과 아름다운 풍경을 기대하면서요.

### 이번 여행 중 가장 기억에 남는 게 있다면?
카자흐스탄에서의 투어, 키르기스스탄에서의 캠핑 등 즐거운 추억이 많이 있지만, 특히 기억에 남는 건 힘들었던 순간이었던 것 같아요.
알마티 여행 당시에 한 슈퍼에 들어가서 사장님에게 여쭤봤어요
"밖에서 술을 마셔도 되나요?" 대답은 "Da Da Da (예)".
맥주와 안주를 사서 숙소 부근 공원에 갔는데 현지인들도 술을 마시고 있었어요
그 당시에는 아무 의심 없이 마셔도 되겠거니 했습니다.
알고 보니 카자흐스탄은 음식점 외 야외에서 음주를 하면 안 되고 경찰에게 걸리면 벌금이었던 거죠(뒤늦게 알게 되었습니다).
그런데다가 동상 앞에서 술을 마셨지 뭐예요.
그 영상이 유튜브에 올라간 결과, 많은 질타와 비난을 받았습니다. 변명의 여지 없이 생각이 부족하고 잘못된 행동이었다고 생각합니다. 그 후 반성하며 앞으로 이어질 여행에서는 기본적으로 지켜야 하는 부분은 항시 지키면서 여행해야겠다고 다짐했습니다.

### 이번 중앙아시아 여행 중 내가 추천하고 싶은 곳
**카자흐스탄**
악타우는 카자흐스탄 서쪽에 있는 조용한 도시인데, 기차역에서 헤매고 있을 때 현지인의 도움으로 동행도 하고 잠자리도 제공해 줘서 특히 기억에 남아요. 자연과 함께하는 도심이라 정말 매력적입니다. 그리고 차린, 블랙 캐니언과 카인디, 콜사이 호수는 투어로만 가능한 곳이었는데 정말 최고의 선택이었던 것 같아요.

---

**여행 시기** 2023년 10월
**전체 여행 기간** 28일
**방문 국가 및 도시**
- 카자흐스탄 : 쉼켄트, 알마티, 악타우
- 키르기스스탄 : 비슈케크, 카라콜, 알틴아라샨, 촐폰아타, 송쿨호수
- 우즈베키스탄 : 타슈켄트, 사마르칸트, 누쿠스

**이용 항공사**
IN 인도 델리에서 에어아스타나 (쉼켄트)
OUT 에어아스타나 (악타우)

**여행 총 경비 (항공료 포함)**
130만원

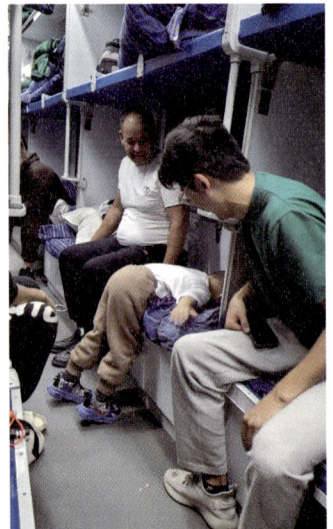

**키르기스스탄**
알틴 아라샨은 네팔 히말라야 트레킹을 해봤기에 쉬운 줄 알았지만 의외로 힘들었던 기억이 있네요. 비수기에 갔기 때문에 사람도 많이 없었고 유르트는 운영하지 않았지만, 넓은 공간에 저희만 있어 더 좋았던 것 같아요. 특히 온천은 모든 피로를 잊게 만들어 주는 최고의 선물이었답니다

**우즈베키스탄**
타슈켄트는 대중교통이 너무 잘 되어 있고 택시비가 저렴해서 여행 중 이동 시 스트레스 없이 편하게 다녔던 것 같아요. 볼거리도 많았고 특히 매직 시티 파크의 경우 입장료도 없었을 뿐만 아니라 감수성이 절로 솟아날 정도로 아름다운 분수 쇼와 야경이 기억에 남는답니다.

**여행지로서 중앙아시아는?**
음식, 물가, 자연 3가지 매력을 모두 갖고 있는 곳이에요. 저는 향신료를 선호하지 않아서 항상 고수를 빼달라고 하는데, 중앙아시아는 우뜨릅이라는 향신료가 있어요. 그것만 뺀다면 맛있는 식사를 하실 수 있을 거예요. 샤슬릭, 라그만, 베쉬바르막, 삼사 등 물가는 동남아와 동유럽의 사이? 하지만 음식들은 동남아 못지않게 저렴해서 아끼지 않고 먹었던 것 같아요. 천혜의 자연환경을 갖고 있는 곳이라 자연에 압도당하는 곳이 많았고, 키르기스스탄에서는 캠핑하는 공간마다 행복했답니다.

**중앙아시아로 여행을 계획하고 있는 예비 여행자들에게 유용한 정보가 있다면 소개해 주세요.**
- 식당 외 공공장소에서 음주는 절대 하시면 안 됩니다.
- ATM 수수료가 저렴해서 미리 환전은 많이 안 하셔도 될 것 같아요.
- 택시는 흥정하지 말고 반드시 얀덱스 택시 앱을 사용하세요!
- 기회가 된다면 현지인들과 수다도 떨어보고, 자고 일어나도 달리고 있는 장거리 기차여행을 해보세요!

**앞으로의 계획이 있다면?**
여행에 '여'도 몰랐던 사람입니다. 20대 초반 힘들 때 여행 영상으로 위로를 받았던 사람으로서 저도 그런 영상을 만들도록 노력하겠습니다.

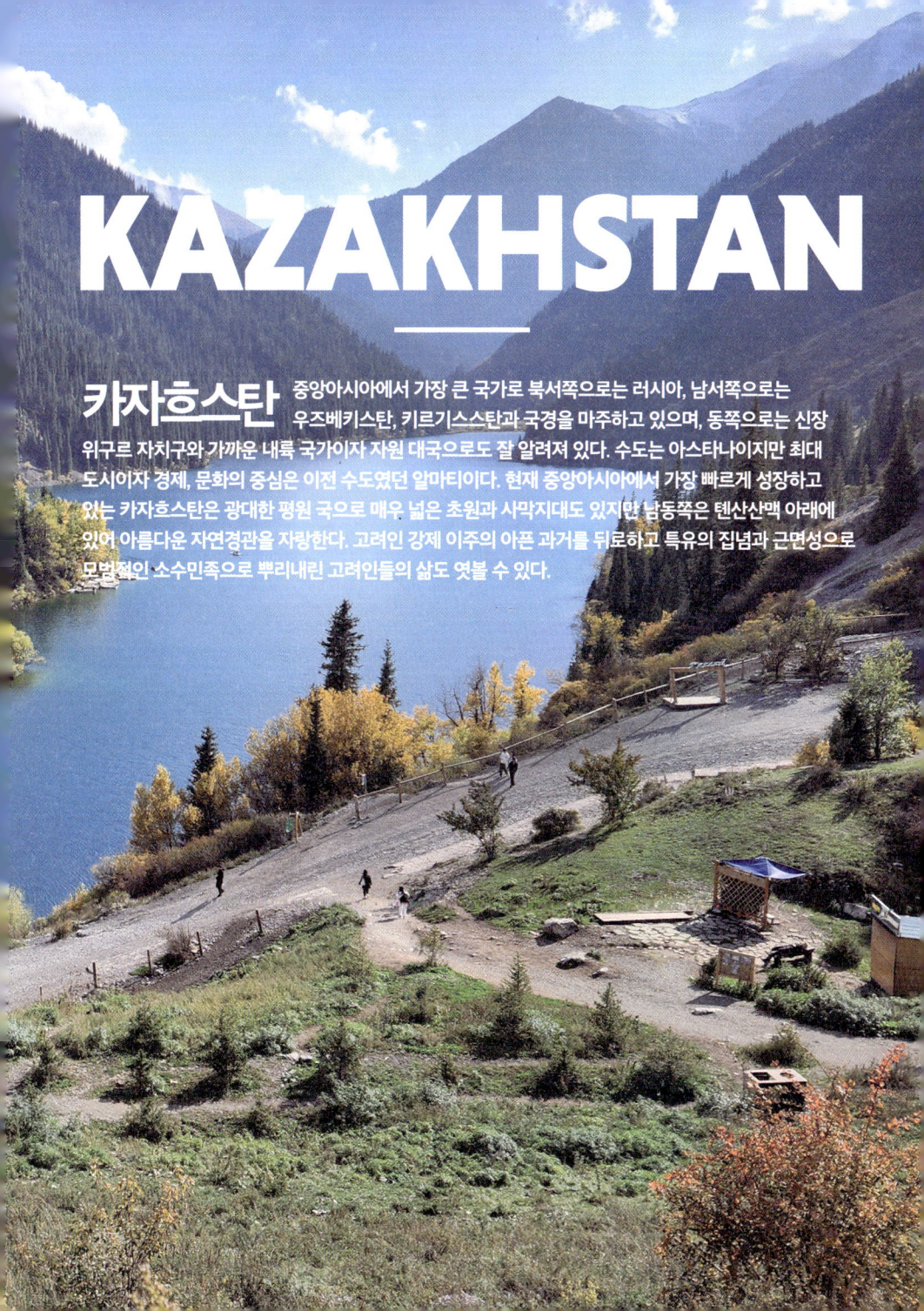

# KAZAKHSTAN

## 카자흐스탄

중앙아시아에서 가장 큰 국가로 북서쪽으로는 러시아, 남서쪽으로는 우즈베키스탄, 키르기스스탄과 국경을 마주하고 있으며, 동쪽으로는 신장 위구르 자치구와 가까운 내륙 국가이자 자원 대국으로도 잘 알려져 있다. 수도는 아스타나이지만 최대 도시이자 경제, 문화의 중심은 이전 수도였던 알마티이다. 현재 중앙아시아에서 가장 빠르게 성장하고 있는 카자흐스탄은 광대한 평원 국으로 매우 넓은 초원과 사막지대도 있지만 남동쪽은 톈산산맥 아래에 있어 아름다운 자연경관을 자랑한다. 고려인 강제 이주의 아픈 과거를 뒤로하고 특유의 집념과 근면성으로 모범적인 소수민족으로 뿌리내린 고려인들의 삶도 엿볼 수 있다.

BEST
1

## *Almaty*

### 알마티

옛 수도이자 현재 카자흐스탄의 최대 도시로 상업의 중심지이다.
톈산산맥 아래에 있어 도시 어디에서도 만년설을 볼 수 있을 만큼 매력적인 도시이다.

BEST 2

# Charyn Canyon

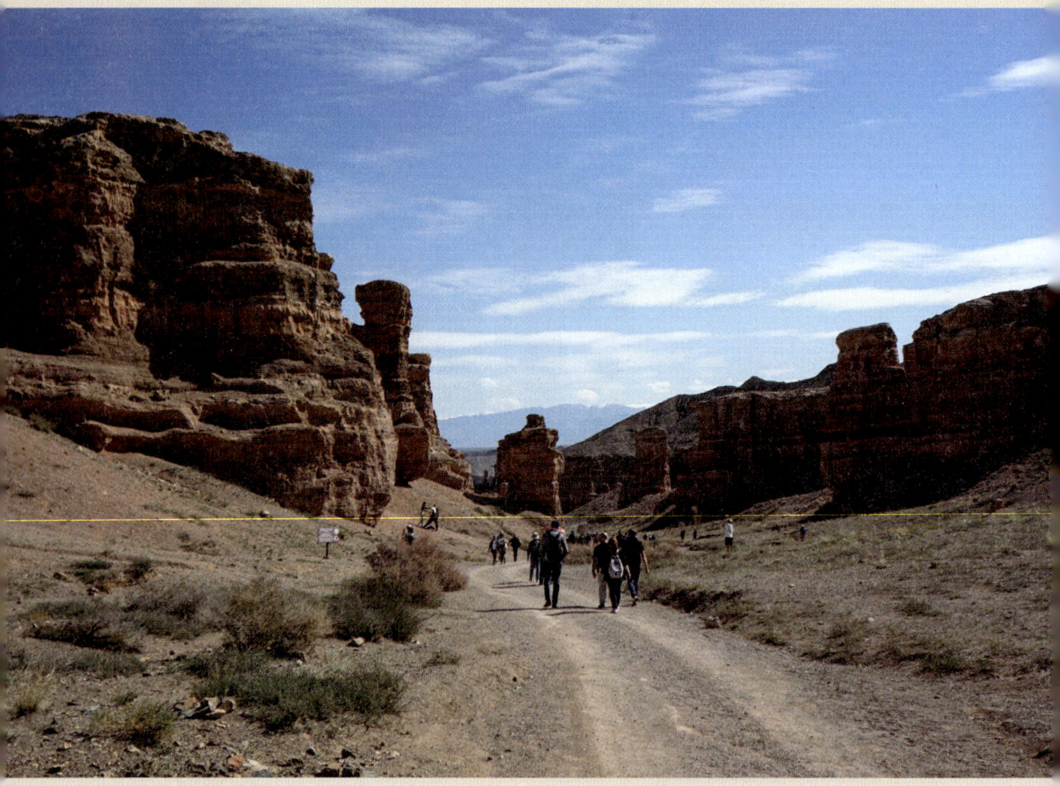

## 차른 캐년

중앙아시아의 그랜드 캐년으로 불리며 차른강의 침식과 풍화작용으로 만들어진 협곡으로, 붉은 퇴적암들로 형성된 기암괴석들을 볼 수 있는 곳이다.

*BEST*
*3*

# *Kaindy Lake*

### 카인디 호수

가장 아름다운 산악 호수로 평가받고 있는 이 호수에는
물에 잠겨 있는 죽은 나무들이 솟아 있어 독특한 경관을 자랑한다.
특히 산악용 특수 차량을 타는 짜릿한 경험은 또 하나의 즐거움을 선사한다.

국명 카자흐스탄

# REPUBLIC of KAZAKHSTAN

## CAPITAL CITY
### Astana
수도 아스타나

**TIME** 시차
**4h**

**AREA** 면적
**2,724,900 km²**

**VOLTAGE** 전압
**220V / 50Hz**

**LANGUAGES** 언어
카자흐어(공용어) **83%**
러시아어(공용어) **94%**

## RELIGIONS
종교

**70%** 이슬람교
**26%** 기독교
**4%** 기타

**EXCHANGE RATES** 환율
1텡게 = 약 2.80원
(2025년 4월 기준)

## VISA
비자
**30일 무비자**

## POPULATION
인구

약 2,000만명

0     1000 million     2000 million

## SEASON TO TRAVEL
### 여행 적기

카자흐스탄은 거대한 영토를 갖고 있어 어디를 방문하느냐에 따라 여행의 적기가 달라질 수 있다. 일반적으로 봄부터 가을까지는 꽃이 만발한 초원이나 협곡 하이킹, 산악 호수의 풍경을 즐길 수 있지만 겨울에도 설원의 풍경을 즐기기에 좋은 곳들이 많다. 하지만 수도인 아스타나의 겨울은 길고 혹독한 추위 탓에 될 수 있는 대로 피하는 게 좋다.

## PUBLIC HOLIDAY
### 공휴일 (2024)

| | |
|---|---|
| 1월 1일, 2일 | 신년 연휴 |
| 1월 7일 | 정교회 크리스마스 |
| 3월 8일 | 세계 여성의 날 |
| 3월 21일, 22일, 23일 | 나우리즈 |
| 5월 1일 | 화합의 날 |
| 5월 7일 | 조국 수호자의 날 |
| 5월 9일 | 승리의 날 |
| 7월 6일 | 수도의 날 |
| 8월 30일 | 제헌절 |
| 10월 25일 | 공화국의 날 |
| 12월 16일 | 독립기념일 |

## CONTACT
### 전화 +7

**주카자흐스탄 대한민국 대사관**
Obaghan St 5, Astana

연락처 +7-7172-572-100, +7-7172-572-200
사건사고
+7-705-757-9922
(카자흐스탄 내에서 전화하는 경우 +7대신 8번을 누름)
koreaemb-kz@mofa.go.kr

**알마티 총영사관**
Kaldayakov st. 66A, Almaty
연락처 : +7-727-291-0490
사고사고 : +7-777-705-6634
almakorea@mofa.go.kr

## MONETARY UNIT
### 통화  |  텡게 (단위 KZT)

500

2,000

10,000

1,000

5,000

20,000

5   10   20   50   100   200

# HISTORY 카자흐스탄 역사

기원전 500년경 카자흐스탄 남부지역의 싸크족이 방대한 초원지대에 거주하며 스키타이문화의 일부를 형성했으며, 기원전 200년경에는 훈족(흉노족)이 그리고 6세기에는 현대 카자흐 민족의 언어와 문화의 기원이 되는 돌궐(투르크)제국의 일부가 되었다. 13세기 침략한 몽골은 카자흐스탄 전역을 차지하며 킵차크 한국을 세웠으며, 15세기에는 카자흐족에 의해 카자흐 한국이 세워졌다. 하지만 강력한 통일국가를 이루지 못했던 카자흐 한국은 준가르족의 잦은 침략에 시달렸다. 결국 18세기 초 제정러시아에 보호를 요청함으로써 러시아가 중앙아시아에 진출하는 계기가 되었다. 그 후 러시아의 카자흐스탄 식민지화 정책이 가속화되었고 1860년대에는 러시아가 카자흐스탄 전역을 합병하게 된다. 1917년 러시아 혁명 이후 소비에트연방 자치공화국의 일원이 되었으며, 1991년 소비에트연방이 해체되면서 카자흐스탄 공화국이라는 독립 국가가 탄생하였다. 독립 이후 여러 해 동안 극심한 경제난과 사회적 혼란에 휩싸이기도 했지만, 풍부한 천연자원을 바탕으로 발 빠른 대외 개방정책을 펼침으로써 고도 경제성장을 이루었다. 현재는 중앙아시아의 교통, 물류, 금융의 허브 역할을 담당하며 중앙아시아의 중심 국가로 거듭나고 있다.

## 카자흐스탄 국기

날아오르는 황금빛 대초원 독수리 위에 32개의 광선이 있는 황금빛 태양이 하늘색 배경을 중심으로 자리 잡고 있다. 좌측면의 금색 표시는 국가 장식 패턴 'koshkar-muiz(숫양의 뿔)'이다. 파란색은 투르크족에게 종교적으로 중요한 의미로 문화적, 민족적 통합을 상징하며, 물과 하늘을 상징한다고 한다. 생명과 에너지의 원천인 태양은 부와 풍요를 상징하며, 태양 광선은 풍요와 번영의 기초가 되는 곡식 모양이다. 태양 아래의 독수리는 수 세기 동안 카자흐 부족의 깃발에 등장했으며 자유, 권력, 미래를 향한 비상을 상징한다.

*interview*

3
오픈헬스케어(주)
김대영
OPEN Healthcare

### 알마티에는 언제 어떻게 오시게 되었나요?
2017년 씨젠의료재단 소속으로 중앙아시아 의료사업진출 시장조사를 위해 처음 출장을 오게 되었습니다. 이후, 2018년부터 알마티 한국 의료 기업인 Medical Partners Korea (MPK 클리닉)와 협업을 하게 되어 장기 출장 및 주재를 하게 되었습니다.

### 오픈헬스케어(주)는 어떤 회사인지 간략하게 소개 부탁드립니다.
오픈헬스케어는 세계 최고 수준의 대한민국 의료 기술을 글로벌로 전파하기 위해 설립된 회사이며, 이를 통하여 세계 최고의 맞춤형 질병 검사와 예방 중심의 건강관리 의료 시스템을 진출 국가 국민의 건강 증진과 의료 시스템의 선진화에 헌신함으로써 인류의 건강과 행복에 이바지함을 목적으로 하고 있습니다.

### 카자흐스탄에서 비즈니스를 위한 사업 환경의 장단점을 소개해 주세요.
카자흐스탄 비즈니스 환경을 간략히 말씀드리자면 기회의 땅이기도 하지만, 중앙아시아 및 구소련 문화의 이해가 없이는 사업 전개의 어려움을 겪게 될 것입니다.
의료사업 분야는 아직 민간이 제공하는 의료서비스가 한국에 비교하면 품질면에서 부족한 부분이 많기 때문에 기회가 많다고 볼 수 있습니다만, 구소련 시절부터 이어져 내려오는 규제와 제도가 한국과 다른 점이 많기 때문에 이러한 부분은 어려움이라고 말할 수 있을 것 같습니다.

### 이곳 알마티로 주재 또는 사업을 목적으로 오시는 분들이 미리 알고 오면 좋을 만한 내용이 있다면?
카자흐스탄에서 사업을 생각하시는 경우, 먼저 파트너와 협업을 할 것 인지 독자적 비즈니스를 할 것인지 신중하게 판단하셔야 합니다. 또한, 정부 관계자들의 자리 이동이 빈번하기 때문에 정부와의 협력 등은 상당히 어려움을 겪게 될 것이기 때문에, 독자 진출이 아닌 경우 가능하다면 민간 협력을 권장합니다.
카자흐스탄은 지리적으로 유럽 및 중동·서아시아 근접 국가 이기 때문에 소비재 등은 이미 유럽의 품질 좋은 제품들이 유입되어 있어서 신중한 접근이 필요합니다.
저도 2017년에 처음으로 카자흐스탄으로 출장을 와서 약 6년 정도를 경험하였지만, 가장 생활에 이질감이 없는 점은 카자흐스탄 현지인들이 외국인에 대한 친밀도가 높다는 점입니다. 거리에서 누구를 만나도 친구가 될 수 있고 즐겁게 지낼 수 있는 도시이며, 카작어로 인사말 정도만 아신다면 금상첨화일 것 같습니다

### 알마티가 여행지로서 갖고 있는 매력은 무엇인가요?
한국과 유사하게 사계절이 뚜렷하고, 톈산산맥으로 둘러싸여 있어 다양한 자연환경을 느낄 수 있습니다.

*interview*

**4**
주카자흐스탄
대한민국 대사관
**이선영**

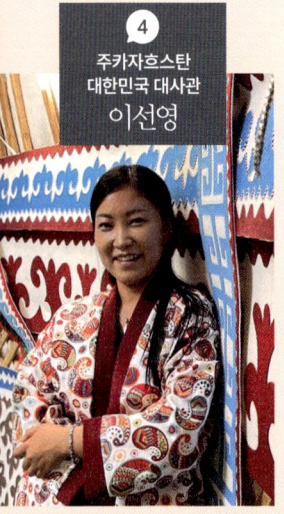

※ 이선영 실무관님은 이 책이 출간될 무렵에는 주키르기스스탄 대한민국 대사관으로 부임하여 비슈케크에 거주하시게 될 예정이라고 합니다.

러시아·CIS 지역학을 전공했다는 그녀와의 인터뷰는 "러시아와 중앙아시아 국가들을 직접 경험하고 지역전문가로서 소양을 키워나가면서 그 소양이 우리나라와 동포를 위해 가치 있게 쓰일 방법을 계속 찾아나갈 것입니다."라는 본인 소개와 멋진 포부로 시작되었다.

### 아스타나에는 언제 어떻게 오시게 되었나요?

알마티는 이전에도 몇 차례 다녀갔지만, 아스타나는 2023년 1월 대사관에 부임하며 처음 인연을 맺었습니다. 사실 주카자흐스탄 대사관 부임 전 저는 주블라디보스토크 대한민국 총영사관 유즈노사할린스크 출장소(이하 사할린 출장소)에서 7년간 근무했습니다. 당시 사할린 한인이라는 우리나라 현대사의 아픈 한 페이지를 보며, 재외동포에 큰 관심을 가지게 되었고요. 우리가 고려인으로 알고 있는 구소련권 재외동포의 일부인 사할린 한인에 대해 조금 알고 나니, 더 많은 지역의 재외동포를 만나고 싶었습니다. 그렇다면 고려인의 최초 정착지인 카자흐스탄을 빼놓을 수 없었죠. 그래서 주카자흐스탄 대사관에 지원했고, 아스타나와 만나게 되었습니다.

### 현재 대사관에서 맡으신 주요 업무는 무엇인가요?

운 좋게도 지금 대사관에서도 사할린 출장소 때와 같이 영사업무와 재외동포 업무를 맡고 있습니다. 출근 첫날부터 맡은 업무가 '고려인 동포 지원사업'의 결과보고서를 정리하여 제출하는 일이었는데, 당시에는 도시명도 생소하고 각 지방 고려인협회장이 누구인지도 모르는 상황이었음에도 내용 자체는 익숙한 업무여서 다행히 잘 마무리했던 기억이 납니다. 그때 재외동포 업무는 내 숙명이라는 걸 다시 한번 느꼈죠. 동포 업무 외에도 일반 영사 민원, 재외선거, 기타 행정업무를 맡고 있습니다.

### 사할린에서도 근무하셨다고 하셨는데 그곳과 차이가 있다면?

제가 앞서 사할린 동포를 고려인이 아니라 사할린 한인이라고 표현했는데요. 고려인과는 다른 역사적 이주 배경을 가지고 있기 때문입니다.

많은 분이 잘 아시다시피 고려인은 1860년대부터 당시 제정러시아의 연해주 지역에 자발적으로 정착하였다가, 1937년 스탈린에 의해 강제로 이주당하여 현재까지 러시아를 비롯한 구소련 국가에 거주하고 있는 우리 동포를 일컫습니다. 반면 사할린 한인은 1938년부터 1945년까지 일본의 국가 총동원령으로 인해 강제 동원되었다가 2차대전이 끝난 후에는 냉전으로 인해 모국으로 돌아오지 못한 채 세대를 이어오고 있는 동포를 뜻합니다. 러시아를 비롯한 구소련 국가에 거주하고 있다는 공통점이 있지만, 이주 시기와 배경이 달라 문화가 조금 다르기도 합니다. 고려인 동포는 이미 이주 역사가 160년을 넘어 그 후손들이 3~8세에 이르고, 사할린 동포는 그 역사가 상대적으로 짧아 2~4세에 이릅니다. 그래서 고려인들은 성만 한국식이고 이름은 러시아식을 쓰는 반면, 사할린 한인들은 여전히 세 글자의 한국식 이름을 사용하는 사람이 많습니다. 그리고 오랜 시간에 걸쳐 유라시아 대륙 전체

사할린 우글레고르스크 잔류 어르신들

에 분포되어 살아온 고려인과 달리, 이동에 제약이 많은 섬이라는 지리적 특성과 비교적 짧은 역사의 시간적 특성상 사할린 한인이 한국문화를 조금 더 뚜렷하게 보존하고 있습니다. 약간의 차이는 있지만, 고려인이나 사할린 한인이나 구소련의 소수민족 억압 속에서도 언제 어디에서나 우리 문화를 보존하고 계승해 온 자랑스러운 우리 동포입니다.

### 아스타나는 카자흐스탄의 수도이지만 우리에게는 많이 알려지지 않은 곳인데 아스타나에 관해 소개 부탁드립니다.

저도 이곳에 오기 전, 수도가 아스타나인지 알마티(혹은 알마아타)인지 헷갈렸습니다. 실제로 1925년부터 1994년까지 카자흐스탄의 수도는 알마티(러시아식 '알마아타')였기 때문이죠. 게다가 1997년 아스타나(구 누르술탄)로 수도를 옮긴 후에도 알마티가 여전히 경제·문화 수도 역할을 하고 있고, 인구도 현재 약 100만인 아스타나보다 2배 정도 더 많습니다. 아스타나는 수도로서의 역사는 30년이 채 되지 않았고, 도시로서의 역사는 200년이 되지 않는 젊은 도시입니다. 그런데 이름은 모두 기억하기도 어려울 만큼 여러 차례 바뀌었죠. 러시아 제국 시대에는 아크몰린스크, 소련 시대에는 러시아어로 미개척지를 의미하는 첼리노그라드, 소련 해체 후 다시 카자흐어로 하얀 무덤 또는 하얀 성지를 뜻하는 아크몰라라고 불렸다고 합니다. 여러 설이 있지만, 이 지역에서 다양한 시대와 여러 문화의 지도자 무덤이나 영묘가 발견되었기 때문이라고 하네요. 그러다 천도가 되며 수도라는 뜻의 아스타나라는 이름을 얻었다가, 초대 대통령의 이름을 딴 누르술탄으로 바뀌었다가, 다시 오늘날의 아스타나로 돌아오기에 이릅니다. 이름은 정체성을 의미하기도 하는데, 이렇게 여러 개의 이름을 가졌던 아스타나는 지금도 정치·경제·사회·문화적으로 자신의 정체성을 열심히 찾아가고 있는 느낌이 들어요. 우리에게 아직은 조금 생소하고 낯선 도시지만, 머지않아 '중앙아시아의 뉴욕'이라는 별칭처럼 멋진 도시가 되기를 바랍니다.

### 실무관님이 생각하시는 아스타나의 매력은 무엇인가요?

아스타나는 수도로 설계된 계획도시답게 바둑판 모양(직교형)으로 도시가 뻗어 나가고 있어요. 광활한 영토를 자랑하듯 널찍한 차도와 인도, 큼직큼직한 건물(대통령궁 옆 정부청사는 건물 하나의 너비만 50m)들이 질서정연하게 들어서 있죠. 우리나라의 신도시 느낌이랄까요? 하지만 천편일률적인 건물들이 아니라, 세계적인 건축가들의 작품 전시회 같은 곳입니다. 1999년부터 매년 이곳에서 국제건축박람회도 열린다고 해요. 공항에서 만길릭 엘(영원한 조국) 대로를 따라 도심으로 들어오다 보면, 카자흐스탄 최대 이슬람 사원, 세계 최대 구형 건물인 2017 엑스포 전시관, 파리의 그것과 흡사한 개선문(독립문), 속칭 '츄파춥스'라 불리는 도시의 상징 바이테렉을 건축전시회처럼 쭉 관람하실 수 있어요. 이 대로를 Y축이라 한다면, 바이테렉을 중심으로 동쪽 끝과 서쪽 끝은 건축계의 거장 노만 포스터가 설계한 '한 샤티르'와 피라미드 '평화와 화합의 궁전'이 X축을 이룹니다. 그 사이에 대통령궁과 정부청사가 있고 이심강이 흐르고 있죠. 이심강의 서쪽 X축은 공원으로 조성되어 있어 대통령궁부터 한 샤티르까지 도보로 산책하실 수도 있어요. 아

대통령궁과 이심강

엑스포 전시관

바이테렉

스타나 중심부의 빌딩들을 보시면 마냥 현대적이지만은 않습니다. 건물의 색상을 국가 상징의 황금색이나 하늘색으로 하거나, 지붕을 카자흐스탄 전통 양식으로 하는 등 카자흐스탄의 정체성과 독창성을 드러내고 있어요. 서울에서 내가 그런 건물을 본 적이 있던가 돌이켜 봤습니다. 이렇게 아스타나는 마치 공상과학영화 속 미래도시에서 본 듯한 독특한 현대식 건물들이 즐비한 도시지만, 동시에 과거와 전통을 지켜가는 자존심 있는 도시입니다.

**실무관님이 추천하는 아스타나의 명소, 음식점, 바 등등 소개해 주세요.**

**[아스타나 오페라 & 발레]**
https://astanaopera.kz/ https://astanaballet.com/
아스타나에 오시면 위에 언급한 멋진 건축물들을 둘러보시는 것 외에 시간을 내서라도 발레나 오페라 공연을 관람하시기를 추천합니다. 아스타나에는 오페라극장과 발레극장이 별도로 있을 정도로 전문화되어 있고 그 수준도 뛰어나지만, 매우 저렴한 가격에 관람이 가능하기 때문이에요. 특히 카자흐스탄 민속 서사시 등을 오페라화한 공연을 보시면 카자흐스탄의 전통의상과 역사, 문화를 한꺼번에 보실 수 있는 귀한 경험이 될 겁니다. 덤으로 무대 위에서 열연을 펼치는 실제 말과 낙타를 보실 수도 있어요.

**[Line Brew]**
카자흐스탄에 오셨으니, 말고기도 드셔보셔야겠죠? 아스타나에도 말고기를 취급하는 식당은 많지만, 그중에서도 자체 맥주까지 생산하는 레스토랑을 추천해 드립니다. Line Brew라는 식당은 알마티에 처음 생긴 체인점인데, 아스타나에는 Line Brew Reserve를 포함해 총 3개의 지점이 있습니다. 이곳에 가셔서 말고기구이를 시키시면 뜨겁게 달구어진 돌에 얇게 썰린 생 말고기를 구워 드실 수 있어요. 아스타나 1호점(Kenesary 20)은 고성 모양의 독특한 건물 실내장식까지 더해져 먹는 재미가 배가됩니다.

**[Saksaul]**

카자흐스탄 전통 음식을 드시고 싶으시다면, 바이테렉에서 멀지 않은 곳에 삭사울이라는 식당에 가보세요. 카자흐 전통 음식인 베쉬베르막이나 바우르삭을 비롯해 양과 말고기나 발효 낙타유, 발효 마유 등을 드실 수 있어요. 또 이곳에는 카자흐스탄 전통복과 소품 등이 비치되어 있고 무료로 입어보실 수 있어 소소한 추억을 만들기에도 좋답니다. 친절한 종업원이 음식을 많이 추천하니 과식하지 않도록 주의하세요!

**[Bal Qaragai]**
시간 여유가 있고 카자흐스탄의 레저를 즐기고 싶으시다면, 시내에서 약 25km(차량으로 약 40분) 거리의 휴양지를 추천해 드려요. 유르트에서의 숙박, 사우나, 말타기 체험, 눈썰매, 크로스컨트리, 열기구 등을 타실 수 있어요.

오페라

발레 극장

*interview*

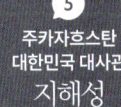

**5**
주카자흐스탄
대한민국 대사관
지해성

# 카자흐스탄 이런게 궁금해요!

### 해외 안전 담당 영사는 어떤 업무를 하시나요?

카자흐스탄에 체류하시거나 여행하시는 우리 재외국민들의 안전을 책임지는 일을 담당하며, 주재국 경찰, 의료진 등 관계기관과의 면담을 통해 업무 체계를 구축하고, 사건·사고 발생 시 신속하게 영사 조력을 제공하고 있습니다.

### 카자흐스탄 여행 시 현지 안전 수칙에 대해 말씀 부탁드립니다.

카자흐스탄 전역의 치안은 전반적으로 양호합니다만, 범죄에 노출되지 않도록 아래와 같이 개인 신변 안전에 유의해 주시기를 바랍니다.
- 관광지, 기차역, 공항 등 다중 밀집 장소에서 소매치기 조심하기
- 여권, 신분증 등 개인 물품 관리에 유의하시고, 고가의 액세서리, 전자기기 등의 노출 자제
- 현지 화폐로 환전할 때는 공식 환전소를 이용하기
- 허가 없이 보안 시설인 공공 기관, 군사기지, 군사시설 등을 사진 촬영하지 않기
- 야간에는 관광객을 대상으로 한 범죄의 우려가 높으므로, 늦은 저녁 인적이 드문 후미진 곳 가지 않기

### 해외여행 시 택시 사기가 종종 발생한다는데, 카자흐스탄은 괜찮은가요?

카자흐스탄 대도시를 중심으로 외국인을 대상으로 한 택시 사기(과도한 요금을 요구하거나 목적지 도착 후 탑승 전 제시한 요금 대비 더 높은 금액을 요구하는 사례)가 지속해서 발생하고 있습니다. 택시 탑승 시 가급적 얀덱스(Yandex) 등 정식으로 등록되고 추적이 가능한 택시회사의 애플리케이션을 활용하여 주시기를 바랍니다.

### 여권, 지갑 등을 분실한 경우 어떻게 해야 하나요?

여권 분실 시 아스타나 소재 대사관이나 알마티 소재 총영사관을 직접 방문하여, 단수여권 또는 여행 증명서를 발급받아야 합니다. 소지품 분실, 도난 등 예상치 못한 사고를 당한 경우, 주재국 경찰서에 신고·접수를 하여야 하며, 일시적으로 궁핍한 상황에 부닥쳐 현금이 필요한 경우, 신속 해외송금 제도를 통해 미화 3,000불까지 재외공관에서 수령할 수 있습니다.

### 카자흐스탄은 야외에서 음주가 불법인가요?

식당, 레스토랑에서 정상적으로 운영하는 야외 테라스 등을 제외한 공공장소에서 음주를 하거나 주폭자의 경우 카자흐스탄 행정위반법 제 440조 등 주재국 법령에 따라 처벌받을 수 있으므로, 카자흐스탄 여행 시 반드시 참고하시기 바랍니다.

### 사건이 발생했는데, 현지어(카작어, 러시아어)를 몰라 의사소통이 불가능할 때는 어떻게 아나요?

외교부 영사콜센터(+82-2-3210-0404)를 통해 7개 국어(영어, 중국어, 일본어, 베트남어, 프랑스어, 러시아어, 스페인어) 통역 서비스 및 해외 사건·사고를 접수할 수 있으며, 별도 애플리케이션 설치 없이 카카오톡·라인·위챗을 통해 상담이 가능합니다. 채널에서 영사콜센터(카카오톡, 라인), KoreaMofa1(위챗)을 검색하시기를 바랍니다.

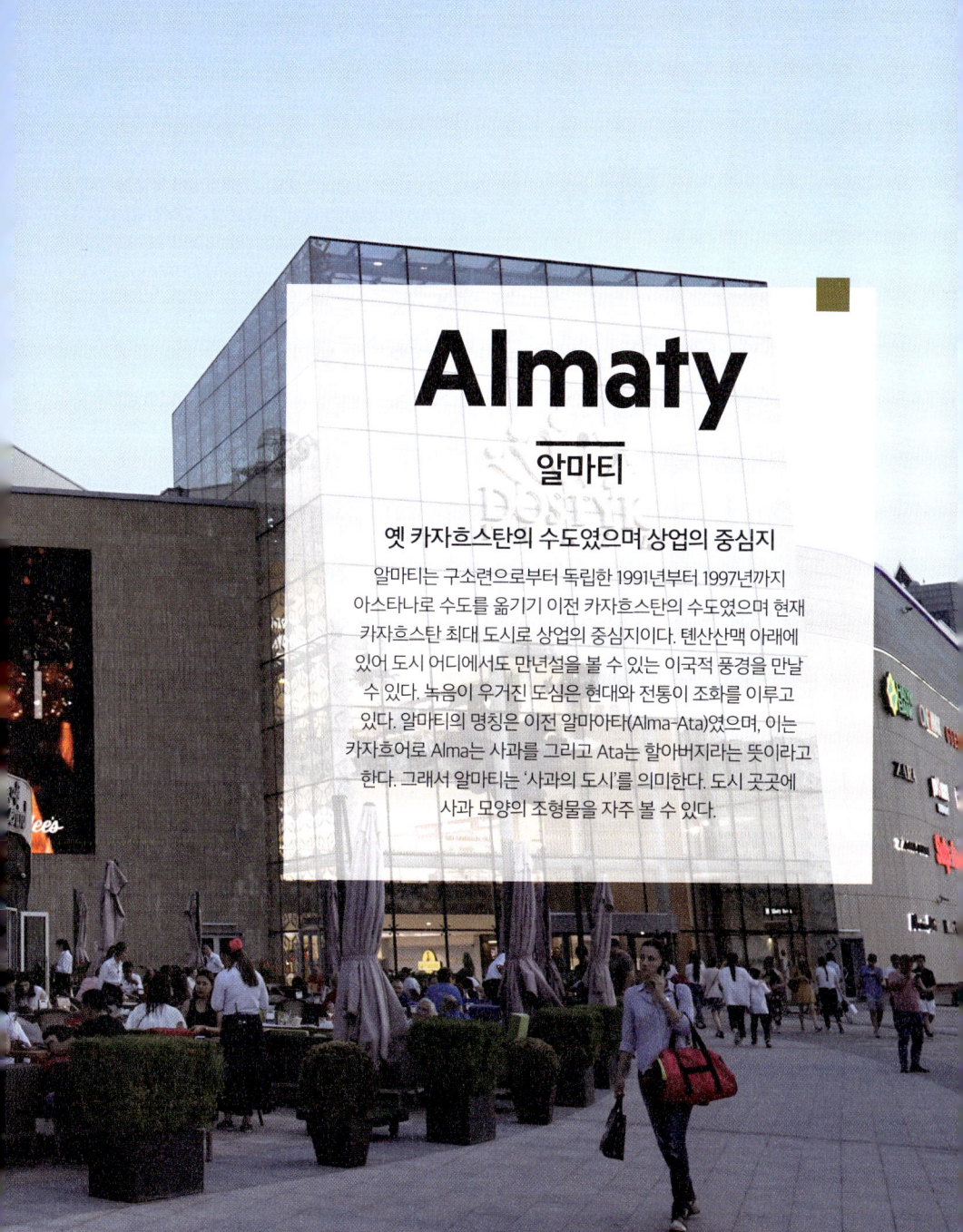

# Almaty
## 알마티

### 옛 카자흐스탄의 수도였으며 상업의 중심지

알마티는 구소련으로부터 독립한 1991년부터 1997년까지 아스타나로 수도를 옮기기 이전 카자흐스탄의 수도였으며 현재 카자흐스탄 최대 도시로 상업의 중심지이다. 텐산산맥 아래에 있어 도시 어디에서도 만년설을 볼 수 있는 이국적 풍경을 만날 수 있다. 녹음이 우거진 도심은 현대와 전통이 조화를 이루고 있다. 알마티의 명칭은 이전 알마아타(Alma-Ata)였으며, 이는 카자흐어로 Alma는 사과를 그리고 Ata는 할아버지라는 뜻이라고 한다. 그래서 알마티는 '사과의 도시'를 의미한다. 도시 곳곳에 사과 모양의 조형물을 자주 볼 수 있다.

## Almaty IN & OUT

## 알마티 드나들기

카자흐스탄 최대 도시답게 항공 및 철도 그리고 장거리 버스 등 교통이 발달하여 있다. 특히 인접 국가인 키르기스스탄의 비슈케크는 카자흐스탄 국경과 가까워 장거리 버스로의 육로 이동이 빈번하며, 우즈베키스탄의 타슈켄트까지는 열차 이용도 가능하다.

### 01 항공

현재 인천공항에서 알마티까지는 카자흐스탄 국영 항공사인 에어아스타나(KC)가 매일, 그리고 아시아나항공(OZ)이 주 5회 운항하고 있으며, 2025년 4월 7일부터 이스타항공(ZE)이 주 2회(월,금) 운항하고 있어 선택의 폭이 넓어졌다.

### ✈ 알마티 국제 공항 Almaty International Airport

중앙아시아의 관문 알마티 국제공항은 2024년 6월 신청사로 이전하면서 쾌적하고 현대적인 시설로 여행객들을 맞이하고 있다. 도심에서 북쪽으로 18km 떨어져 있으며 대부분 CIS 국가 및 아시아, 중동 지역 국가의 항공이 취항하고 있다. 신공항은 현재 국내선 공항으로 사용되고 있는 예전의 국제공항 청사와 이어져 있다. 입국장을 나오면 인포메이션 센터를 비롯해 환전소, 유심 판매소 및 공항 택시 예약 부스를 쉽게 찾을 수 있다.

### 공항에서 환전 및 유심 구입하기

**환전** 입국장을 나오면 환전소를 쉽게 찾을 수 있다. 환율은 시내 은행 또는 환전소보다 좋지는 않다. 하지만 소액이라면 이곳에서 환전해도 무방할 정도로 큰 차이는 없다. 시내로 이동 시 택시를 타거나 버스를 타기 위해서도 현지 화폐가 필요하다. 카자흐스탄 여행 중 카드 사용도 일정 부분 가능하니 이를 참고하여 환전하는 게 좋다.

**유심** 공항 내에 대표적인 통신사 Beeline과 Tele2 매장이 있다. 카자흐스탄의 경우 국내에서도 유심 판매 업체를 통해 조금 저렴하게 미리 살 수도 있는데 이 경우에는 데이터만 제공된다. 현지에서는 보통 10,000원 내외로 구매할 수 있으며 데이터, 전화, 문자 모두 가능하다.

## 알마티 공항에서 입국 및 환승

알마티 공항 신청사는 현대적인 시설로 재단장 후 입국 및 환승이 매우 편리해졌다. 여느 공항처럼 입국(Passport control) / 환승(Ineternational transfer) 안내 표지판을 따라가기만 하면 된다. 예전과 달리 입국심사대 카운터가 많아 오래 기다리지 않아도 된다. 특히 한국인의 경우 입국심사는 까다롭지 않게 통과할 수 있다. 출국 시에는 신청사 2층 해당 항공사에서 체크인 후 중앙에 있는 출국장 입구에서 탑승권(보딩패스) 바코드를 스캔 후 출국심사대로 이동하면 된다. 면세 구역 내에는 레스토랑, 바 등이 잘 갖추어져 있으며 게이트 앞 대기 공간 주변에는 전기 충전 장치도 마련되어 있다. 흡연실도 2곳이 있으나 Priority Pass로 이용할 수 있는 비즈니스 라운지는 아직 없다.

환승

면세구역

출국장 입구

### 공항에서 시내가기

**1. 택시**

입국장을 나와 정신없이 달려드는 택시 호객꾼들을 뒤로하고 먼저 환전 후 유심을 사자. 공항에서 시내까지 가는 가장 좋은 방법은 현지 유심을 구매, 데이터를 활성화한 후 'Yandex Go'라는 택시 애플리케이션을 이용하는 것이다(Yandex Go 사용법 67쪽 참조). 이 방법이야말로 안전하고 바가지요금에서 벗어날 수 있는 유일한 방법이다. 시내까지는 목적지 및 시간대에 따라 요금이 조금 차이 날 수 있지만 2,500~3,500텡게 정도 나온다.

**2. 버스**

짐이 아주 많거나 도착 시간이 늦은 저녁이 아니라면 시내 중심을 동서로 관통하는 92번 버스를 이용하면 매우 경제적이다. 원래는 공항 바로 앞에 정류장이 있었으나 지금은 공사 중이어서 버스 타는 곳까지는 조금 걸어가야 하지만 그리 멀지는 않다. 입국장 건물 밖으로 나와 시내 방향 쪽으로 조금 걷다 보면 정류장을 쉽게 찾을 수 있다. 구글 지도 검색 시 버스 정류장 이름은 Ogarev St.로 표시되어 있다. 요금은 200텡게로 운전사에게 지불하면 된다.

onay카드
충전 및 판매기

> **tip** 알마티 시내 관광 시 대중교통을 자주 이용할 예정이라면 onay라고 하는 교통카드를 미리 사면 매우 경제적이다. 입국장 건물 밖으로 나와 왼쪽 국내선 청사쪽으로 가면 입구 옆 노란색 기계에서 구매 가능하다. 교통카드로 결제 시 반값인 100텡게이다.

## 02 버스

인접 국가인 키르기스스탄의 비슈케크 그리고 우즈베키스탄의 타슈켄트뿐만 아니라 아스타나, 카라간다 등 국내 주요 도시에서 버스로 이동 가능하다. 특히 키르기스스탄의 비슈케크의 경우 항공보다는 버스 이동을 더 선호한다.

### 사이란 버스 터미널 Bus Station Sayran

카자흐스탄의 다른 도시나 외국에서 장거리 버스를 타고 알마티로 올 때 도착하는 곳은 시내 중심 서쪽에 있는 Bus Station Sayran이다. 인접 국가인 키르기스스탄의 비슈케크로 가기 위해서는 이곳에서 장거리 버스를 타야 한다. 티켓 구매 시에는 반드시 여권이 필요하다. 알마티 출발의 경우 사이란 버스 터미널 홈페이지 https://ma-sairan.kz에서도 가능하다. 알마티 출발 시간은 08:00, 10:00, 12:00, 14:00, 18:00이며 요금은 3,200텡게이다. 타슈켄트행은 매일 18:00 출발로 요금은 10,500텡게이다. 비슈케크행 탑승장은 1층 맨 우측에 있으며 2번 플랫폼에서 출발한다. 터미널 건물 내에는 편의시설이 거의 없으므로 도착하기 전에 미리 필요한 것들을 준비해 가는 게 좋다.

사이란 버스 터미널

매표소 및 탑승장 입구

비슈케크행 버스

## 03 기차

알마티에는 Almaty 1, Almaty 2 두 개의 기차역이 있으며 시내에 있는 Almaty 2가 중앙역이라고 볼 수 있다. 수도인 아스타나를 비롯해 카라간다 등 국내로의 이동은 물론 러시아, 우즈베키스탄으로의 국제 열차를 타기 위해서는 이곳으로 가야 한다.

알마티2 기차역

기차표 구매는 매표소에서도 가능하지만, 카자흐스탄 철도청 홈페이지(https://bilet.railways.kz)에서도 가능하다. 영어로도 지원하고 있으며, 표 구매를 위해서는 먼저 회원가입 후 로그인을 해야 한다. 탑승객 입력 시 여권번호도 적게 되어 있으니 미리 준비해 두자. 단, 아쉽게도 현재는 연락처 기입란에 현지 번호를 넣지 않으면 다음 단계로 넘어가지 않는다. 현지 방문 업체 또는 호텔 연락처를 넣고 시도해 보자. 결제 단계까지 마치면 등록했던 이메일로 e-ticket을 보내 준다.

목적지가 현재 수도인 아스타나인 경우 누르술탄으로 설정해야 한다. e-ticket에는 승객 이름만 영어로 표시가 되고 나머지는 모두 카자흐어와 러시아어로 표시가 되어 있다. 적어도 출발·도착 날짜와 시간 그리고 객차 및 좌석 번호가 어디에 어떻게 쓰여 있는지는 숙지하도록 하자. 기차역 내에는 짐 보관소를 비롯해 환전소, 유심 카드 판매소 등 편의 시설이 잘 갖춰져 있다. 기차역을 나오면 바로 왼쪽에 버스 정류장이 있다. 12번 일반버스와 5번, 6번 트롤리버스는 시내 중심을 지나가기 때문에 이동하기에도 용이하다.

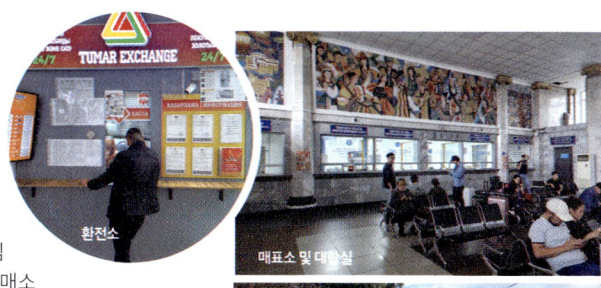

환전소

매표소 및 대합실

**tip** 버스의 노선도를 보기 위해서는 'Yandex Maps and Navigator'라는 애플리케이션을 이용해 버스정류장 표시를 클릭 후 표시되는 버스 번호를 클릭하면 자세히 볼 수 있다.

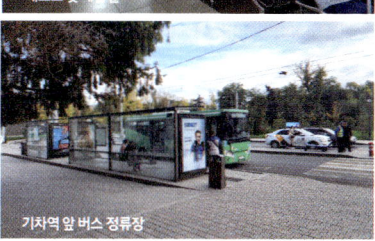

기차역 앞 버스 정류장

## 열차 e-ticket

ҚАЗАҚСТАН ТЕМІР ЖОЛЫ

Электрондық жол жүру құжаты
Электронный проездной документ
70642546702642

Тапсырыс нөмірі
Номер заказа
70642546702642

ЭЛЕКТРОНДЫҚ ЖОЛ ЖҮРУ ҚҰЖАТЫ
ЭЛЕКТРОННЫЙ ПРОЕЗДНОЙ ДОКУМЕНТ
КЗХ27

Жол жүретін жыл / Год совершения поездки: 2024

01 SEO=BYUNGYONG=-
02 33M43972711

Жолаушылар саны / Количество пассажиров: 1

| 03 | 04 | Шығуы / От | Жетуі / До | 07 | 08 | Қызмет көрсету класы Класс обслуживания |
|---|---|---|---|---|---|---|
| 25.01.2024 | 16:37 | 05 АЛМАТЫ 2 2700001 | 06 НУР-СУЛТАН 1 2708000 | 26.01.2024 | 08:18 | 1Б Ауаны баптағыш/Кондиционер Биотуалет/Биотуалет |
| Жөнелтілуі Отправление | | | | Келуі Прибытие | | |

Пойыз / Поезд: 09 009ЦА
Вагон / Вагон: 10 13 (Люкс)
Орын / Место: 11 009

Билет түрі / Тип билета : Толық / Полный
Вид расчета / Есептесу түрі: К/қ ақшасыз / Безналичный (W)
Төсек-орын жабдығы / Постельные принадлежности : Бар / Есть
Тасымалдаушы / Перевозчик : АО ПАССАЖИРСКИЕ ПЕР-КИ
БСН / БИН : 020540000922
ҚҚС куәлігі / Св-во НДС : СВ.СЕРИЯ62001 N0015351

Ордер нөмірі / Номер ордера : 11052645
**Бақылау чегі / Контрольный чек: 481107 ФП**
Чектің реттік нөмірі / Порядковый номер чека: 10981745
Фискализация күні мен уақыты / Дата и время фискализации: 07.01.2024 17:46
ОФД АО ТрансТелеком
Чекті тексеру үшін: ofd1.kz/ticket_form сайтқа кіріңіз
Для проверки чека зайдите на сайт: ofd1.kz/ticket_form
Салық төлеуші / Налогоплательщик: «Жолаушылар тасымалы» АҚ/ АО «Пассажирские перевозки»
БСН / БИН: 020540000922

01 영문명 02 여권번호 03 출발일 (일/월/년) 04 출발시간 05 출발도시명
06 도착도시명 07 도착일 (일/월/년) 08 도착시간 09 열차번호 10 호차번호
11 좌석번호

## 에어아스타나 Stopover Holiday

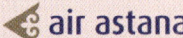

카자흐스탄의 국영항공사인 에어아스타나는 인천공항에서 알마티까지 주 6회 운항 중이며 우즈베키스탄의 타슈켄트 및 키르기스스탄의 비슈케크까지도 연결된다. 항공사에서 운영하는 Stopover Holiday는 경유지 알마티에서 연결편이 없어 1박을 해야 하거나 추가로 알마티 여행을 하고자 하는 여행객들에게 아래와 같은 혜택을 주는 프로그램이다.

**1**
3~4성급 호텔에서 1박 ($19)

**2**
뷔페 아침 식사

**3**
도착 및 출발 시 호텔↔공항 왕복 교통편 제공

★ 상기 프로그램은 이용하기 최소 96시간(4일) 전에 에어아스타나의 홈페이지를 통해 예약해야 하며 1박 이외에 추가 숙박을 원할 경우 $60을 지불하면 가능하다.

www.airastana.com

### 이용방법

1. 입국장을 나와 자신의 이름이 써있는 팻말을 들고 있는 운전기사를 찾는다.
2. 운전기사를 만나지 못했다면 에스컬레이터를 타고 2층으로 올라가 에어아스타나 사무실로 찾아간다.
3. 사무실 직원에게 예약 시 출력한 바우처를 보여 주고 기다리고 있으면 운전기사가 픽업하러 온다.
4. 예약한 호텔에 도착하면 운전기사와 출국 시 공항으로 가는 시간을 확인 후 (통상 항공기 출발 시간 기준 3시간 전이다) 호텔 체크인 데스크로 이동한다.
5. 보통 공항으로 이동하는 시간이 늦은 저녁이므로 호텔에서 휴식을 취하거나 알마티 시내 관광 후 호텔로 돌아와 짐을 찾아 공항으로 이동한다.

2층 에어아스타나

## 시내 교통

알마티의 볼거리들은 대부분 시내 중심지에 있다고는 하지만 모두 도보 여행으로 다니기에는 힘든 지역이다. 대중교통 비용이 저렴한 편이니 짧은 구간이라도 버스와 지하철을 적절히 이용하자.

###  버스

알마티의 대중교통으로는 일반버스와 트롤리버스가 있으며 시내 전역을 구석구석 연결해 주고 있다. 중앙아시아의 다른 국가에 비해 차량의 상태가 가장 양호한 편이다. 하지만 현지 언어를 모르는 여행객으로서는 노선도를 알 수 없는 버스를 이용하기란 쉽지 않다. 다른 중앙아시아 국가에서와 같이 Yandex Maps and Navigator라는 애플리케이션을 이용해 버스 타기를 시도해 보자. 버스 요금은 현금 200텡게이며 앞문으로 타면서 운전사에게 지급하는 형식이다. 알마티에 3일 이상 체류 예정이라면 onay 교통카드를 구매 후 사용할 것을 추천한다. 이 교통카드로 버스비를 지급할 때 요금은 현금의 반값인 100텡게이다. 매번 잔돈을 준비해야 할 필요도 없고 경제적이다.

카드단말기

트롤리버스

일반버스

### onay 카드 구입 및 충전 사용법

onay카드 구입은 onay 마크가 표시되어 있는 무인 단말기 또는 매장에서 살 수 있다. 카드 구매 비용은 600텡게로 충전 없이 한차례 버스를 탈 수 있다. 이후에는 충전기에서 원하는 금액만큼 충전 후 사용하면 된다. 버스 탑승 후 앞, 뒤쪽에 있는 단말기에 터치하는 방식이다. 이 카드 충전기는 현지 핸드폰 요금 충전기와 동일하나 기계마다 보이는 방식이 조금 다르다. 길거리 또는 쇼핑몰 매장 내에 있어 쉽게 찾을 수 있다.

### 택시

알마티 여행 중 가장 많이 이용하게 될 교통수단이 택시일 것이다. 일행이 있다면 시내에서는 택시를 타는 게 여러모로 좋을 수 있다. 하지만 절대로 길거리에 서있는 택시의 운전기사와 협상하여 타는것 만큼은 피하자. 반드시 Yandex Go 애플리케이션을 통해 예약 후 탑승하자(애플리케이션 사용법 67쪽 참조). 우리나라와 달리 대부분의 차량에 택시라는 표시가 없는 일반 승용차이다.

## 🚇 지하철

알마티 지하철은 현재 1개의 노선만이 운영되기 때문에 이동 시 그렇게 많이 이용하게 되지는 않는다. 지하철은 알마티 중심을 동서로 가로지르는 Abay Ave를 지나고 있으니 경험 삼아 한 번 타보자. 특히 Baikonur 지하철역은 세계 최초 우주 발사 기지인 바이코누르 센터를 기념하기위해 붙여진 이름으로 우주선 발사 장면 영상을 보여주고 있다. 지하철 요금은 1회당 100텡게이며 동전(토큰) 모양의 이용권을 사용한다. 개찰구에 토큰을 넣으면 자동으로 문이 열리며, 나올 때는 개찰구로 접근하면 문이 자동으로 열리게 되어있다. onay 카드로도 탑승 가능하다.

## 현지 여행사 프로그램 이용하기

알마티를 방문하는 여행객이라면 알마티 시내 관광보다는 아마도 아름다운 자연경관을 보기 위해 근교로의 여행을 계획하기 마련이다. 하지만 대중교통을 이용해서 다녀오기가 쉽지 않은 곳이기에 현지 여행사에서 운영하는 가성비 좋은 일일 투어를 이용할 것을 추천한다. 물론 아직은 대부분 러시아어로 진행되기 때문에 조금은 불편할 수도 있다. 이런 투어의 대부분은 가이드의 설명 보다도 안전하고 원활한 교통편을 제공받는 것만으로도 참여할 가치가 있다. 4~6명 정도의 일행이 있다면 운전사가 딸린 차량만을 이용하는 상품도 고려해 볼 만하다. 현지 여행사들은 홈페이지를 운영하는 곳도 있지만 대부분 인스타그램을 통해 투어 상품을 소개하고 있다. 예약 및 문의 사항은 인스타그램 DM보다는 왓츠앱 메신저로 하는 것을 선호하는 편이니 미리 다운받아 놓자. 만약 현지에 있다면 직접 사무실로 찾아가서 예약하는 방법이 가장 좋을 수 있다.

가장 인기 있는 관광지로는 빅 알마티 호수, 차른캐년, 콜사이 호수, 카인디 호수, 블랙캐년 등이며 일일 투어 또는 1박 2일 투어로 시기별로 다양한 프로그램을 운영하고 있으니, 회사별로 검색 후 맞는 일정을 찾아 선택하자. 가장 대표적인 회사로는 Bananatour, Joinme asia가 있으며, 한국에 잘 알려진 Onyx tour의 경우 시내 중심에 회사가 있어 방문 상담이 가능한 곳으로 자체 프로그램보다는 Joinme asia와 같은 다른 여행사 상품을 소개하고 있다. pandatravel_kz의 경우 한국인들이 가장 선호하는 차른캐년+콜사이 호수+카인디 호수를 포함한 일일 투어 상품을 운용하고 있으니 참고하자.

---

← **bananatour.kz** 🔔 ⋮

1,062 게시물   12.6만 팔로워   2 팔로잉

ТУРЫ АЛМАТЫ | ALMATY TOURS | KAZAKHSTAN TRAVEL
지역 및 여행 웹사이트
🌍 Лицензированный туроператор
  ЕЖЕДНЕВНЫЕ ГРУППОВЫЕ ТУРЫ... 더 보기
번역 보기
🔗 api.whatsapp.com/send?phone=7777044488...
Almaty, Kazakhstan

---

← **joinme.asia** 🔔 ⋮

1,543 게시물   14만 팔로워   2 팔로잉

Туры Алматы | Almaty tours | Туры по Казахстану
ⓘ joinme.asia
여행사
Путешествуйте с нами:
•Сертифицированные гиды-проводники
•Более 7 лет проводи... 더 보기

---

← **onyxtour_kz** 🔔 ⋮

2,224 게시물   1.7만 팔로워   35 팔로잉

Турфирма Оникс Тур
🏝ИССЫК КУЛЬ АЛАКОЛЬ
🎒Туры выходного дня от 7000 ТГ
📞7 777 730 6598 WApp... 더 보기
번역 보기
🔗 api.whatsapp.com/send?phone=7777730659...
Alma-Ata, Almaty, Kazakhstan Abaya 76\109, yg.yl.Ayezova

---

← **pandatravel_kz** ✓ 🔔 ⋮

Туры Алматы | Туры по Казахстану | Tour in Kazakhsta...
223 게시물   3.4만 팔로워   3 팔로잉

관광 여행사
🌄🧳 Авторские туры по Казахстану
🌍✈️ Горящие туры по всему Миру... 더 보기
번역 보기
🔗 wa.me/77053701025 외 2개
Almaty, Kazakhstan Pozharskogo 1 street, Regardal Hotel, 9th floor

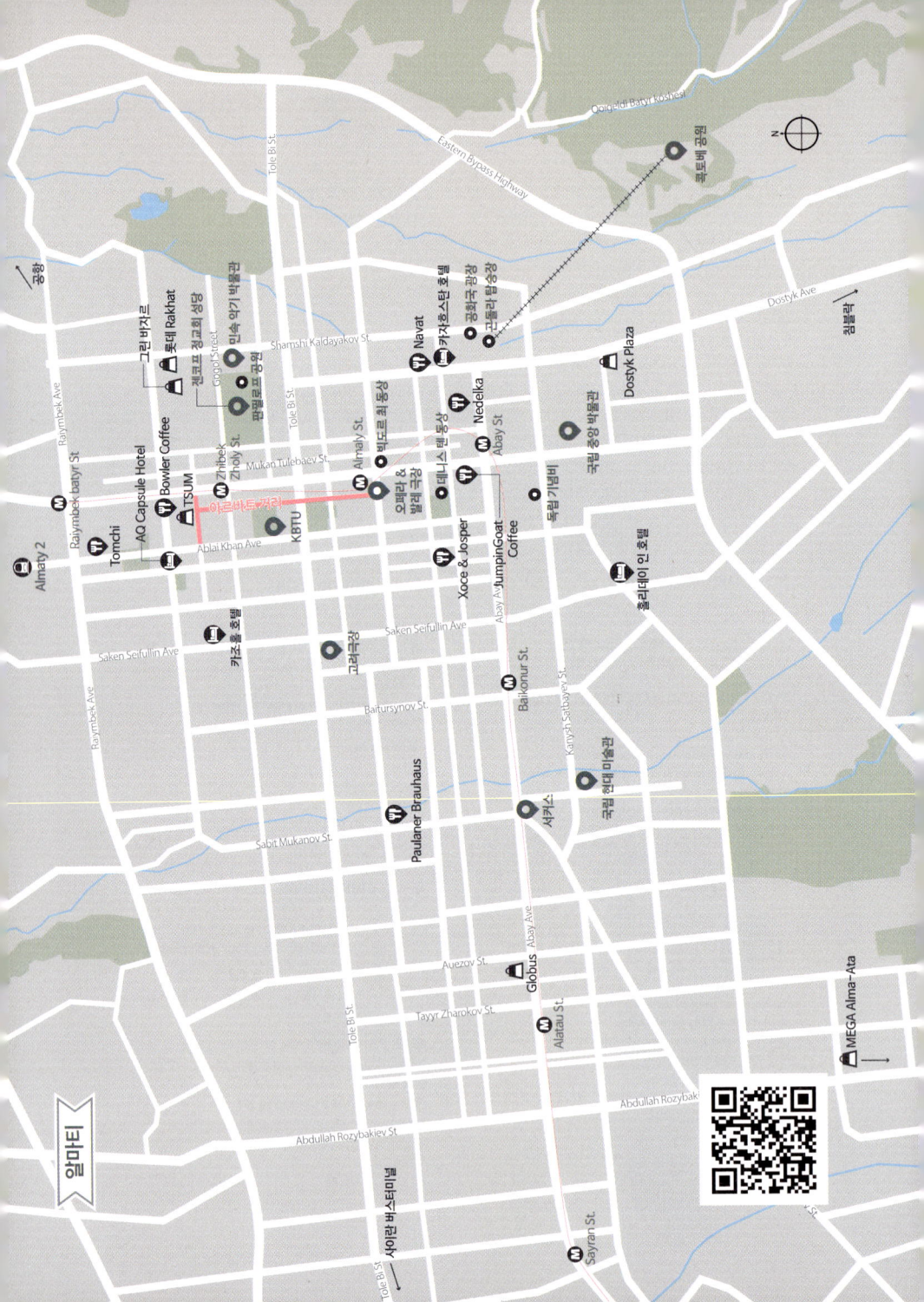

# Almaty Attractions

알마티 시내의 볼거리는 동서를 가로지르는 Abay Ave. 북쪽 구시가에 몰려 있어 도보로도 가능하지만, 대중 교통비가 저렴하니 버스와 지하철 등을 적절히 이용하자. 알마티에서 하루밖에 시간이 없는 여행자라면, 오전에 일찍 침블락을 다녀와서 콕토베→그린 바자르→판필로프 공원 그리고 아르바트 거리에서 끝나는 일정으로 잡아보자.

## 콕토베 공원
### Kok Tobe

**케이블카**
- 월, 수, 목 10:00~22:00 / 화 13:00~22:00 / 금, 토, 일 10:00~23:00
- 편도 3,000텡게 / 왕복 5,000텡게

**버스**
From Dostyk st.
- 편도 1,000텡게 / 왕복 1,500텡게

셔틀 버스 승하차장

케이블카 탑승장

'푸른 언덕' 이라는 뜻의 콕토베는 알마티의 랜드마크 중 하나이며, 시민들의 가장 인기 있는 장소이다. 해발 1,100m에 있는 이곳을 가기 위해서는 알마티의 명물인 케이블카를 타고 가는 게 일반적이지만 현지인들은 걸어서 올라 가거나 셔틀버스를 타고 가기도 한다. 이곳 전망대에서는 알마티 시내가 한눈에 내려다보일 뿐만 아니라 TV 타워, 대관람차를 비롯해 몇몇 놀이 기구와 레스토랑 등이 있어 외국인 관광객, 연인과 가족단위 현지인들도 많이 찾는 곳이다.

대관람차

## 그린 바자르
### Green Bazzar

- Zhibek Zholy Avenue, 53
- 09:00 ~19:00

이곳은 알마티에서 가장 큰 재래시장으로 외국 관광객들도 자주 찾는 곳이다. 주로 고기와 말린 과일 및 견과류, 치즈 등을 판매하지만 바로 옆 건물에는 다양한 공산품들을 판매하는 상가도 있다. 건물 외벽이 온통 초록색으로 칠해져 있어 쉽게 찾을 수 있다. 내부 가운데 기둥 2층에는 꽤 유명한 커피 전문점인 Bowler도 있다. 이곳에 갔다면 인근에 있는 롯데 라하트 매장에 들러 선물용 초콜릿을 구입하자.

## LOTTE Rakhat Candy Factory

2013년 한국의 롯데제과가 카자흐스탄 제과 기업인 라하트(Rakhat)를 인수하여 설립한 롯데 라하트는 현재 카자흐스탄 제과 시장을 장악하고 있다. 그린 바자르 길 건너편 공장 건물 1층에는 이 회사의 다양한 제품들을 판매하는 매장이 있다. 카자흐스탄 국기로 포장되어 있는 초콜릿이 선물용으로도 인기가 많다. 공항 면세점에서는 엄청나게 비싼 가격에 판매되고 있으니 이곳에서 구입하자. 이외에도 다양한 초콜릿, 캔디, 과자류 등 한국에서는 판매되고 있지 않은 것들도 많으니 그린 바자르를 방문할 계획이라면 이곳도 놓치지 말자.

- Zhibek Zholy Avenue, 47
- 08:00 ~ 20:00

## 판필로프 공원
### Park of Panfilov

📍 Gogol Street, 40B

판필로프 공원으로 불리는 이곳의 정식 명칭은 '28명의 판필로프 근위병 공원'이다. 제2차 세계대전 당시 독일의 침공으로부터 모스크바 방어전에 참전하여 전사한 것으로 알려진 알마아타 보병 부대 28명의 군인을 애도하기 위해 조성된 공원으로 그들의 지휘관이었던 이반 판필로프의 이름에서 따왔다고 한다. 여기에는 이들이 참전했던 모스크바 방어전을 기리는 대형 조형물과 함께 영원의 불꽃이 타오르고 있다. 또한 공원 내에는 알마티에서 아름다운 건축물 중 하나인 러시아 정교회 젠코프 성당이 있어 꼭 방문하게 되는 곳이다. 이 성당은 1911년 진도 10의 대지진 당시에도 전혀 손상을 입지 않은 목조 건축물로도 유명하다. 또한 못을 사용하지 않고 지어진 건축물이라고 하니 가까이 가서 한 번 더 보게 만든다.

## 아르바트 거리
### Arbat

📍 Zhibek-Zholy St.

알마티에서 가장 활기 넘치는 장소 중에 하나로 젊은이의 거리로도 잘 알려져 있다. 보통은 Tsum(쭘) 백화점 앞 보행자 전용도로 Zhibek-Zholy St. 를 일컫지만 이 거리와 만나는 Panfilov St. 일대를 가리킨다. 젊은이의 거리답게 길거리 공연도 자주 볼 수 있으며, 아름답게 꾸며 놓은 도로 주변으로는 각종 레스토랑, 바 등 각종 편의시설이 있다. Zhybek-Zholy 지하철역에서 내려도 좋지만, 국립 오페라 & 발레 극장 앞에서 Panfilov St. 따라 내려 가면서 여유롭게 산책을 해보는 것도 좋을 것이다.

## 국립 아카데미 뮤지컬 코메디 고려극장

**State Republican Academic Korean Theater of Musical Comedy**

📍 Bogenbai Batyr Street, 158

92년의 역사가 있는 고려극장은 1932년 블라디보스토크에서 설립된 극동지방 고려 극단에서 시작되었다. 1937년 고려인 강제 이주를 당하면서 극장이 크즐오르다, 우슈토베 등으로 옮겨지는 수난을 겪다가 1968년 알마티로 최종 이전되었다. 고려극장은 한반도 밖에서 운영되는 유일한 국립고려극장이라고 한다. 극장 레퍼토리의 기초는 한반도 고유의 전통극과 카자흐족 작가들의 작품이며 모든 공연은 우리말로 동시 통역되고 있다고 한다. 이 극장은 고려인의 문화 중심지일 뿐만 아니라, 카자흐스탄 정부로부터 극장으로서는 가장 명예로운 아카데미라는 칭호를 받음으로써 문화적 자긍심을 고취하는 역할을 담당하고 있다. 현재의 극장은 아카데미로 승격된 이듬해인 2018년에 이전한 단독건물이다.

## 카스티예프 국립 현대 미술관

**Abilkhan Kasteev State Art Museum**

📍 микрорайон Коктем-3, 22/1, Almaty
🕐 10:00~18:00 (월요일 휴무)
💵 500텡게

카스티예프 국립현대미술관은 1935년 쉡첸코 박물관 소장품을 가져와 개장하였다. 1976년에 현재의 건물로 이전하였고, 1984년에 첫 카자흐스탄의 화가로 유명한 아빌칸 카스티예프 (Abilkhan Kasteev)의 이름을 딴 미술관으로 불리게 되었다. 이 미술관은 미술품 전시 외에도 미술 분야의 학술 활동 증진에도 힘쓰고 있다. 제1전시관은 14~20세기 유럽 미술품, 제2전시관은 17~20세기 러시아 미술품, 제3전시관은 소련 미술품, 제4전시관은 현대 카자흐스탄 미술품 그리고 제5전시관은 현대 조각품들로 수많은 작품이 다양하게 전시되어 있어 기대 이상의 볼거리를 제공한다.

### Denis Ten 기념비

데니스 텐은 1993년 이곳 알마티에서 태어났으며 카자흐스탄을 대표하는 피겨스케이팅 선수이다. 그는 카자흐스탄의 소수 민족인 고려인으로 대한 제국 시절 의병대장으로 활동했던 민긍호의 후손으로 알려져 우리에게도 친숙한 편이다. 25살의 어린 나이에 생을 마감한 그를 추모하기 위해 세워진 기념비에는 그의 주요 수상 경력이 쓰여있다. 그는 2008년 벨라루스 민스크에서 열린 주니어 그랑프리 골든 링크에서 금메달을 획득했으며 2014년 동계 올림픽에서 동메달을 획득하여, 카자흐스탄 피겨스케이팅 선수로는 처음으로 올림픽 메달을 목에 걸었다. 이곳은 Abay Ave.에서 한 블럭 떨어진 조용한 작은 공원 모퉁이에 있다.

📍 Kulyash Baiseitova Street, 32

## 알마티 최대 쇼핑몰 MEGA

알마티는 중앙아시아의 중심도시답게 시내 곳곳에 명품관을 비롯해 수많은 크고 작은 쇼핑몰이 있다. 그중에서도 알마티 최대 쇼핑몰인 MEGA Alma-Ata는 최근 가장 활발한 상업 지역으로 발전하고 있는 구시가 남쪽에 있어 접근성은 좀 떨어지지만 한 번쯤은 방문해도 좋을 만한 곳이다. 유명 해외 브랜드와 함께 다양한 카자흐스탄 브랜드의 제품들을 만나볼 수 있다. 또한 각종 레스토랑 및 카페, 슈퍼마켓, 환전할 수 있는 은행 등 모든 편의 시설이 잘 갖춰져 있으며, 특히 가장 큰 슈퍼마켓 체인점인 galmart가 1층에 자리 잡고 있어 치약, 초콜릿, 꿀 등 귀국용 선물을 사기에도 그만이다. 일부 여행사의 일정 중에는 이곳에서 자유시간을 주고 있어 한국인 여행객들을 종종 볼 수 있다. 또한 2009년 알마티에서 처음 문을 연 고급 커피 전문점 Marrone Rosso 가 있다. 이곳의 시그니처 메뉴는 Ice Marrone Rosso로 한여름 무더위를 식혀줄 만큼 시원한 맛이다. 매장이 너무 넓으니 길을 잃지 않게 조심해야 한다. 정문 앞에는 연인들이 즐겨 찾는다는 대관람차가 있어 멀리서도 잘 보인다. 이곳이 멀게 느껴진다면 시내 중심에서 가까운 Dostyk Plaza도 추천할 만한 곳이다.

📍 Rozybakiev Street 247A
🕙 10:00 ~ 22:00

# AQ miniSUITES

다른 중앙아시아의 도시보다 호텔비가 비싼 알마티에서 호스텔이 아니면 저렴한 숙소를 찾기 쉽지 않다. AQ miniSUITES은 저렴한 독립된 공간의 숙소를 찾는 여행객에게는 최적의 조건을 갖추고 있다. 아르바트 거리와 가까운 시내 중심에 있으며, 모든 객실이 작지만 독립된 공간으로 분리되어 있어 도미토리룸을 이용해야 하는 호스텔과 차별화된다고 할 수 있다. 특히 1박에 11,000텡게라는 금액으로 이용할 수 있다는 것과 무료 세탁이 가능하고 저녁에는 터키식 사우나를 무료로 이용할 수 있어 비수기인 겨울에도 많은 손님들로 붐비는 곳이다. 물론 공용 샤워실과 공용 화장실을 이용해야 하는 불편함이 있지만 기다려야 하는 불편함은 거의 없다. 수건도 원하면 매일 교환해 준다. 입구에서는 비닐로 된 덧신을 신어야 입장이 가능하며, 실내에서는 무료로 제공되는 실내화를 신어야 하므로 항상 깨끗한 실내 공간이 유지되고 있다. 추가 요금을 내면 저렴한 가격에 조식을 해결할 수 있는 것도 큰 장점 중의 하나이다. 독립된 공간의 객실에는 편안한 침대와 작은 테이블 그리고 침대 밑에는 서랍이 있어 수납공간도 여유가 있는 편이다. 1층과 2층에 마련된 공용 공간은 다양한 여행객들의 소통 장소이기도 하다. 무엇보다 친절한 스텝들이 있어 좋은 기억으로 남을만한 곳이 될 것이다. 예약은 부킹닷컴에서 가능하다.

📍 Abylai Khan Ave 55
📞 +7 705 366 6797

조식

공용 공간

리셉션

### 알마티에서 골프를?
# GOLF

톈산산맥 북쪽에 자리한 알마티는 1925년부터 1994년까지 카자흐스탄의 수도였다. 현재는 수도가 아스타나로 옮겨졌지만, 알마티는 아직 최대 도시로 명성을 이어가고 있다. 해발 4000m 넘는 산이 근처에 있고 알마티의 해발 고도 역시 800m라 건조하고 7월 평균 기온이 23.8℃로 활동하기 좋다.

카자흐스탄 알마티 골프장은 자일라우와 누르타우 2곳이 있다. 3월 초부터 11월 말까지 언제든지 설산을 바라보면서 골프를 즐길 수 있어 한국인 골프 여행객들의 방문이 잦아지고 있다. 카자흐스탄은 대륙성 기후로 매우 건조하며 일교차가 커서 한여름에도 그늘만 들어가면 매우 시원해 골프를 즐기기엔 쾌적한 날씨를 가지고 있다.

## 누르타우 골프 클럽
## Nurtau Golf Club

## 자일라우 골프 코스
## Zhailjau Golf Course

1995년에 개장한 누르타우 골프장은 드넓은 페어웨이와 크고 오래된 고목들이 많이 있는 것이 특징이다. 얼핏 보기에 한국의 초보들이 치기에 괜찮을 수 있게 보이지만 페어웨이처럼 보였던 잔디가 깊고 질긴 러프 등으로 둘러싸여 있어서 생각보다 플레이 하기가 매우 까다롭다. 전체 길이도 그렇게 짧지 않고 플레이하면서 그늘 휴식처로 생각되었던 나무마저 플레이 중간중간에 방해물로 있는 장소가 많다. 깊은 벙커, 운하 및 해저드 등 도전적 코스로 흥미로운 골프장이다. 또한 30여종이 넘는 다양한 식물과 현대적인 배수 시스템, 인공 호수 등 아름다운 경치를 자랑한다. 이 골프장은 전반 아웃코스는 일본인에 의해 설계되었고 인코스인 후반은 순수 카자크 사람에 의해 만들어 졌는데 아웃코스는 일본과 비슷하게 나무와 어우러져 아기자기한 느낌이 많다. 그래서 한국인들이 누르타우 골프장을 많이 선호한다. 고려인 주방장이 있는 클럽하우스에서는 김치찌개, 라면, 육개장, 뚝배기 불고기, 보쌈 등을 판매하고 있는데 설산을 바라보면서 즐기는 한식은 또 다른 알마티 여행의 별미를 제공한다.

2006년 오픈한 골프 리조트이며 유라시아 최고의 클럽 중 하나로 거론될 정도의 명문 골프장이다. 총면적 82헥타르 규모로 매우 값비싼 타운 하우스도 갖추고 있다. 아널드 파머가 설계했다는 이곳은 자연의 아름다움을 최대한 살렸고 5개의 인공 호수와 15,000그루 이상의 나무가 심어져 있지만 홀 간 간섭이 심하지 않아 좋다. 회원제 리조트 골프 클럽답게 클럽하우스로 들어가 보면 고급스러운 분위기가 중앙아시아 지역에서는 단연 으뜸이라 할 수 있다. 클럽하우스를 들어서면 웅장하고 흰 눈으로 덮인 설산이 눈에 들어오며 특히 페어웨이는 매우 넓어서 편안하게 플레이할 수 있으나 그린은 매우 빨라서 신중한 퍼팅이 요구된다. 클럽 대여도 가능하지만 스틸 샤프트가 대부분이므로 자기 클럽을 가져가 플레이하길 추천한다.

http://nurtau.kz

https://www.zgr.kz

# Café & Restaurant

## Café

### Nedelka

알마티 시내에서 가장 활기찬 지역인 Abay Ave. 와 Dostyk Ave. 가 만나는 곳에 있어 항상 많은 손님으로 붐비는 곳이다. 분위기 좋은 실내 공간과 외부 테라스가 있어 운치가 있다. Abay 지하철역 및 콕토베 올라가는 곤돌라 탑승장과 가까워 접근성도 매우 좋다.

- Abay Ave. 19
- 9:00 ~ 23:00

### JumpinGoat

Abay Ave. 대로변에 있는 이곳은 매장 규모는 작지만 깔끔하고 감각적으로 꾸며진 커피 전문점이다. 아침 식사와 함께 다양한 퀄리티 있는 커피를 즐길 수 있다.

- Abay Ave. 35
- 08:00 ~ 21:00

### Bowler Coffee Roasters

이곳은 커피 애호가들이 자주 찾을 만큼 우수한 품질의 원두를 사용하는 알마티 최고의 에스프레소 맛집으로도 유명하다. 아르바트 거리 Tsum 백화점 옆 골목에 있으며, 그린 바자르 내 2층에도 있다.

- Zhibek-Zholy Ave. 81
- 09:00 ~ 22:00

# Restaurant

### Navat

알마티 시내에만 6개의 지점이 있는 이곳은 전통 음식점으로 필라프, 베쉬바르막, 라그만 등 다양한 현지 음식을 맛볼 수 있는 곳이다. 특히 내부 실내 장식이 독특하고 화려해 사진 찍기에도 좋아 기억에 남을 만한 곳이다.

📍 Dostyk Ave. 48  🕐 10:00 ~ 24:00

### Xoce & Josper

현지인들이 추천하는 스테이크 맛집으로 저녁에는 예약 필수인 곳이다. 민트색의 입구가 인상적인 것에 비해 실내는 화려하지 않고 소박한 느낌마저 든다.

📍 Zheltoksan St. 162
🕐 10:00 ~ 24:00

### Shipudim

현지인들이 즐겨 찾는 샤슬릭 전문점. 6시 이후에는 항상 대기를 각오해야 할 만큼 가성비 좋은 곳이다. 양갈비 샤슬릭 추천! 또한 수제버거 세트도 저렴한 가격에 맛볼 수 있는 곳이다.

📍 Zheltoksan St 81, Almaty
🕐 12:00 ~ 24:00

# Bar

### Paulaner Bräuhaus

알마티에서 유일하게 정통 독일 맥주를 맛볼 수 있는 곳으로 쾌적하고 고급스러운 실내장식이 인상적이다. 현지인보다 외국인을 더 자주 볼 수 있는 곳으로 안주는 다소 비싼 편이다.

📍 Mukanova St. 190
🕐 12:00 ~ 01:00

# 근교 1

# Shymbulak
## 침블락

알마티 근교 알라타우 국립공원 내에 있는 침블락은 겨울에는 스키장으로 유명하지만 언제라도 곤돌라를 타고 올라가면 톈산산맥의 만년설을 만날 수 있는 곳이다. 곤돌라 탑승장 옆에 있는 메데우는 국제 규모의 빙상경기장이 갖춰져 있고 가끔 대규모 공연이 열리기도 한다. 2011년 동계아시안게임과 2017년 동계유니버시아드가 열렸던 곳이기도 하다.

### 침블락 가는 방법

알마티 기차역에서 메데우까지 운행하는 12번 시내버스는 시내 중심부를 지나가기 때문에 가장 가까운 버스 정류장을 미리 찾아 두자. 시내에서 1시간 정도 소요되며 메데우 종점 가기 전 곤돌라 탑승장 앞에서 하차하면 된다. 시간적 여유가 없거나, 일행이 있다면 택시를 타고 곤돌라 탑승장까지 빠르고 편하게 갈 수 있다.

🎫 곤돌라+콤비1+콤비2+QUAD
　주중 5,000텡게 / 주말 6,000텡게

근교 2

# Big Almaty Lake
### 빅 알마티 호수

일레알라타우(Ile Alatau) 국립공원에 있는 이 호수는 알마티 시내에서도 비교적 가까워 국내외 여행객들에게 인기가 많은 장소이다. 지진의 결과로 형성된 고산 호수는 빙하수로 이루어져 있으며, 3개의 4,000m 이상의 고봉이 둘러싸고 있는 해발 2,510m에 있어 아름다운 풍광을 자랑한다. 길이 1.6km, 너비 0.75km, 깊이는 30m~40m로 시기에 따라 연한 녹색에서 청록색으로 변화하는 호수의 색이 주변과 어우러져 어느 시기에 방문하더라도 후회 없을 곳이다. 현재는 환경보호 차원에서 차량을 통제하고 있어 주차장에서 6km의 오르막길을 걸어 올라가야만 한다. 또한 이곳은 익스트림 파이프라인 하이킹 투어로도 인기가 많은 곳으로 기회가 된다면 짧은 구간이라도 파이프라인 위를 걷는 경험을 해보자. 트레킹이 목적이 아니라면 현지 투어 회사의 프로그램을 이용해 다녀올 것을 추천한다.

@Photo by 꿀떡

근교 **3**

# Charyn Canyon
### 차른 캐년

중앙아시아의 그랜드캐년으로 불리는 곳으로 차른강의 침식과 풍화작용으로 만들어진 협곡은 차른 강을 따라 북동쪽에서 남서쪽으로 154km에 걸쳐 형성되어 있다. 여행객이 가장 많이 찾는 곳은 단연코 '성 계곡'으로 그 길이가 2km가 넘는다. 이곳에서는 걷는 내내 붉은 퇴적암 기암괴석을 볼 수 있으며, 일몰 시에는 진홍색, 분홍색, 주황색으로 변화하는 모습을 볼 수 있다. 투어 종류에 따라 2시간~3시간 정도 시간이 주어지며 협곡을 따라 차른강이 보이는 곳까지 다녀올 수 있다. 그늘이 없는 이곳에 중간중간 설치해 놓은 휴식 공간이 인상적이다. 또한 이 구간만을 왕복 운행하는 전용 차량이 있는데, 대부분 갈 때는 걸어서 가기 때문에 돌아올 때 차를 타기 위해서는 오래 기다려야 하니 갈 때 차량을 이용하고 돌아올 때 걸어 오는 것도 좋은 방법이다. 이곳은 알마티 시내에서 꽤 멀리 떨어져 있어 차를 렌트하거나 투어를 이용해야 하는데, 인근에 있는 카인디, 콜사이 호수도 함께 다녀오도록 일정을 잡는 것이 좋다.

셔틀 차량

쉼터

차른강-이곳이 반환점이다

근교
**4**

# Kaindy Lake
카인디 호수

카인디 호수는 카자흐스탄의 여러 아름다운 호수 중에서도 가장 이국적이면서도 흥미로운 호수이다. 콜사이 호수 국립공원 내 해발 2,000m에 있는 이 호수는 1911년 지진으로 인한 산사태가 협곡을 막고 자연스럽게 댐이 형성되면서 생겨났다고 한다. 길이 약 400m 그리고 가장 깊은 곳의 수심이 30m에 달하는 이 호수에는 마치 침몰한 선박의 돛대처럼 호수 표면 위로 솟아 있는 가문비나무 줄기를 볼 수 있어 더욱더 신비로움을 자아낸다. 호수 표면의 빛깔은 계절별로 조금씩 다르게 보이지만 석회암 퇴적물과 기타 미네랄로 인해 짙은 청록색을 보여주고 있다. 그동안은 인근의 콜사이 호수의 명성에 가려져 크게 관심을 받지 못했지만, 최근에는 가장 인기 있는 관광지가 되었다. 하지만 이곳으로 가는 길은 또 다른 즐거움과 고통을 선사한다. 아직은 호수 근처까지 일반 차량이 들어갈 수 없어 주차장에 하차 후 우아직(또는 푸르공)이라고 불리는 특수차량을 타고 비포장도로를 20여 분간 가야 하는데 큰 음악 소리와 함께 달리는 동안 놀이공원에서처럼 즐거울 수도 있지만 누군가에게는 큰 고통일 수 있기 때문이다. 20여 분 신나게 달린 특수차량이 주차장에 정차하면 여기서도 호수까지는 오르막길을 20여 분 또 걸어가야 한다. 여기서부터는 3가지 방법 중 하나를 선택해서 다녀올 수 있다.

**❶**
### 호수까지 걸어가기

**❷**
### 호수까지 말을 타고 다녀오기

편도 3,000텡게 / 왕복 5,000텡게

**❸**
### 호수까지 산악전용 차량인 우아직(푸르공) 타고 가기

편도 500텡게 / 왕복 1,000텡게
편도만 이용도 가능.

근교 **5**

# Kolsai Lake
## 콜사이 호수

카인디 호수 인근 콜사이 국립공원 내에 있는 이 호수는 '텐산의 진주'라고 불릴 만큼 아름다운 곳이다. Kungei Alatau 능선 기슭 가파른 소나무 숲 경사면에 3개의 호수로 이루어져 있으며, 관광객들이 방문하는 곳은 도로로 접근할 수 있는 첫번 째 호수인 Lower Kolsai Lake이다. 이곳 역시 지진으로 인해 형성된 호수로 해발 1,800m에 있으며, 길이는 약 1km, 깊이는 80m에 이른다고 한다. 주차장에 내리면 호수까지는 약간의 급경사 구간을 내려가야 한다. 위에서 바라보는 호수의 모습은 한 폭의 그림을 연상케 한다. 아래로 내려가 나무다리를 건너면 호수를 따라 아름다운 산책로가 이어져 있다. 이곳에서는 약 2시간 정도의 시간이 주어지는데 산책하거나 보트를 타고 호수 위에서 여유로운 시간을 보내도 좋을 것이다. 호수를 배경으로 이곳의 명물 독수리와 전통의상을 입고 찍는 사진 촬영은 또 하나의 추억을 선사할 것이다.

근교
6

# Black Canyon
## 블랙 캐년

블랙 캐년은 차른 캐년에서 콜사이 호수 가는 중간에 있어 어느 투어 상품을 이용하더라도 들르는 곳이다. 이곳은 매우 깊은 협곡이어서 아래로 내려가지는 않고 주차장에 정차 후 20분간의 자유시간을 갖게 된다. 차른 캐년과는 또 다른 웅장한 멋이 있는 곳이다.

# Astana
## 아스타나

### 아스타나는 현재 카자흐스탄의 수도

1991년 구소련으로부터 독립 당시 수도였던 알마티에서 1997년 수도를 이곳으로 이전하였다. 이후 대규모 도시 계획이 진행되어 대통령궁, 정부청사 등 공공기관이 들어서기 시작했으며 바이테렉 타워와 같은 특이한 초현대식 건물들이 하나둘씩 완성되어서 많은 볼거리를 제공하고 있다. 아스타나는 카자흐어로 '수도'라는 뜻이라고 한다. 2019년 3월 카자흐스탄 정부는 퇴임하는 누르술탄 나자르바예프 대통령을 기리기 위해 도시 이름을 누르술탄으로 변경하였으나 많은 논란 속에 2022년 9월 다시 아스타나로 변경되어 오늘에 이르고 있다. 카자흐스탄 북부 평탄한 대초원 지역에 자리 잡고 있어 여름은 따뜻한 대륙성 기후지만 겨울은 매우 춥고 건조해 가급적 이 시기의 여행은 피하는 게 좋다.

# Astana IN & OUT

## 아스타나 드나들기

아스타나는 카자흐스탄의 수도로 항공, 기차, 장거리 버스 등 다양한 교통수단으로 이동이 가능하다. 행정 중심 도시로 예전 수도였던 알마티에 비해 여행객에게는 크게 매력적이지 않을 수 있으나 가성비 좋은 열차나 국내선 항공을 이용한다면 손쉽게 다녀올 수 있다.

### 01 항공

아스타나 공항의 정식 명칭은 전직 대통령의 이름을 딴 누르술탄 나자르바예프 국제공항(Nursultan Nazarbayev International Airport)이다.

시내 중심에서 남쪽으로 13km 떨어져 있으며 카자흐스탄 북부의 허브 공항답게 현대식 건물에 편의시설이 잘 갖춰져 있다. 하나의 건물에 국제선(왼쪽)과 국내선이 통로로 연결되어 있다. 일본의 유명한 건축가 구로카와 기쇼가 디자인한 것으로도 유명하다. 아직 한국에서 직항편이 없어 알마티에서 환승 후 국내선을 이용해야 한다. 현대식 건물로 공항 내에는 환전소 및 심카드 판매 매장, 카페 등 편의시설이 잘 갖추어져 있다. 인포메이션센터에서 무료로 제공하는 지도 및 안내 책자는 매우 유용하다. 인천공항에서 에어아스타나 항공이 주 3회 운항 중이다.

환전소

심카드 판매소

### 공항에서 시내가기

공항에서 시내로 이동 시 택시를 가장 많이 이용하지만, 이곳이 종점인 시내버스를 이용한다면 매우 저렴하게 갈 수 있다. 공항을 나오면 바로 앞에 공항 택시 승차장이 있다. 다른 도시에서와 마찬가지로 '얀덱스 택시' 앱을 이용하자. 시내 중심까지 약 30분 소요. 얀덱스 앱 이용 시 3,000텡게 내외. 시내버스의 경우 10, 12번 두 버스 모두 시내 중심을 지나 기차역까지 운행한다.

(버스 운행 시간 06:26~22:26 / 배차 간격 10분~15분 / 약 1시간 소요 / 요금 90텡게)

## 02 기차

큰 영토를 가진 나라답게 장거리 버스보다는 철도가 잘 발달하여 있는 편이다. 알마티에서는 16시간, 심켄트에서는 18시간 이상 걸리는 장거리 노선이지만 객실 선택의 폭이 넓고 거리에 비해 운임이 비싸지 않은 편이다. 또한 스페인의 Talgo열차로 시설 또한 나쁘지 않다.

아스타나의 경우 기차역 이름이 Nur-Sultan(누르술탄)이며, 표를 살 때도 누르술탄으로 표기가 된다. 아스타나의 기차역은 시내 중심에서 북쪽으로 약 9km 떨어져 있으나, 택시 또는 버스 이용에는 큰 불편함이 없다. 기차역 내에는 매점, 식당, 환전소, 짐 보관소 등 편의 시설이 잘 갖춰져 있지만 환전소의 경우 환율이 좋지 않으니 가급적 이곳에서의 환전은 피하자.

기차역 앞 버스정류장

## 시내 교통

### 버스

지하철이 없는 이곳에서 현지인들의 이동 수단은 버스이다. 기차역, 공항으로의 이동도 버스가 잘 연결되어 있다. 하지만 모든 버스는 현금을 받지 않아 여행객이 이용하기가 쉽지 않다. 여행객이 버스를 이용하기 위해서는 알마티의 교통카드 onay와 같은 아스타나 교통카드인 ASTRA 카드를 사야 한다. 기차역을 비롯해 일부 버스정류장과 쇼핑몰 내에 있는 기계에서 구매할 수 있으며, 구매 후 별도로 충전해야 한다. 카드 구입비는 1,000텡게이며 동전 및 200, 500, 1,000 텡게 지폐만 사용 가능하다. 버스 비용은 90텡게이다. 이곳에서 버스를 탈 일이 거의 없지만, 만약 카드 없이 버스를 탔다면, 이미 탑승한 승객에게 비용을 내 줄 것을 요청하면 대부분 흔쾌히 해준다. 핸드폰으로 결제한 승객에게 현금을 주고 반드시 QR코드가 나와 있는 지급 영수증 화면을 사진 찍어 갖고 있어야 한다. 알마티와 달리 이곳에서는 검문이 자주 있으니 절대 무임승차는 하지 말아야 한다.

카드 판매소 위치 확인하기
https://transcard.kz/ru/rtvm

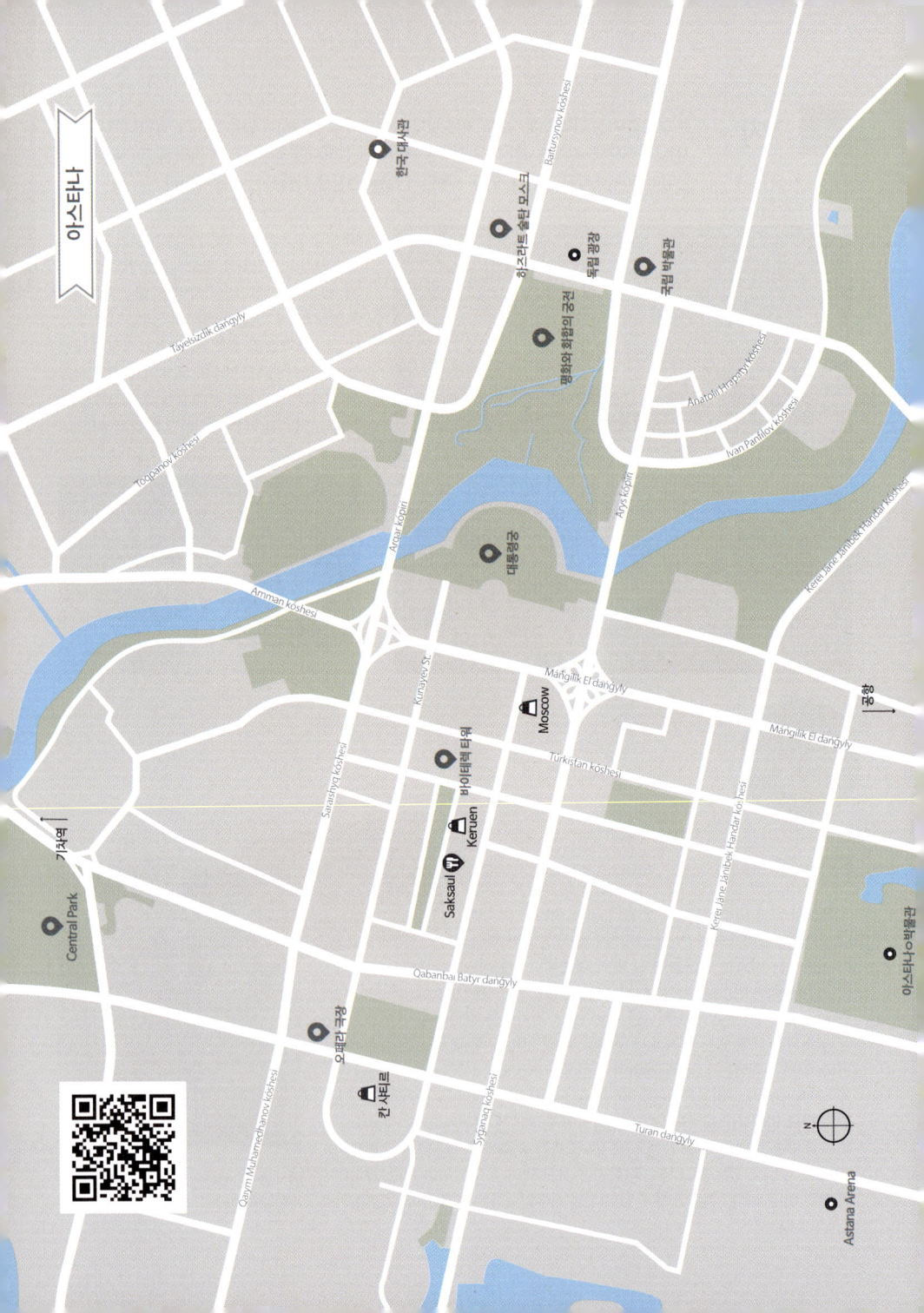

# Astana Attractions

## 바이테렉 타워
**Baiterek Tower**

- Nurzhol Boulevard, 14
- 6월 1일 ~ 8월 31일 10:00~22:00
  9월 1일 ~ 5월 31일 10:00~21:00
  휴식시간 13:00~13:30, 18:00~18:30
- 2,000텡게

1997년 수도를 알마티에서 아스타나로 옮긴 후 새로운 시작을 상징하는 조형물을 건립하라는 대통령의 지시에 따라 2002년에 세워졌다. 현재 수도 아스타나의 상징이자 카자흐스탄의 랜드마크로 아스타나 최고의 관광 명소이다. 고대 전설에 따르면 카자흐스탄에 신비의 나무가 있었고 그 나무 위에는 파랑새(Blue Bird)가 살았는데 그 새가 새로운 생명의 창조를 의미하는 황금알을 낳았다고 해서 이 전설을 모티브로 세워졌다고 한다. 105m 높이의 타워는 흰색 나뭇가지 모양의 대들보가 황금알을 품고 있는 모양으로 황금색 구슬 모양의 건축물은 지름이 22미터에 무게가 300톤에 달한다고 한다. 전망대에 오르면 아스타나 시내를 한눈에 감상할 수 있으며 2층에는 누르술탄 나자르바예프의 오른손 핸드프린팅이 있는데 이곳에 손을 올려놓고 소원을 빌면 이루어진다고 해서 항상 많은 사람으로 붐비는 곳이다. 그 옆에 있는 나무로 된 지구본은 세계 종교 지도자 회의를 기념하기 위해 만들어진 것이라고 한다. 수도를 이전 한 1997년도에 맞춰 전망대 높이를 97m로 설계하였다고 한다.

## 그 외 건축물들

### 평화와 화합의 궁전
**Place of Peace and Reconciliation**

- Tauelsizdik Ave. 57
- 10:00 ~18:00
- 1,000텡게

피라미드를 연상케 하는 평화와 화합의 궁전은 2006년에 건립되었으며 이 건물 내부에는 박물관, 오페라극장을 비롯해 콘서트홀, 전시실, 대규모 회의실을 갖추고 있다.

### 칸 샤티르
**Khan Shatyr**

- Turan Ave. 37
- 10:00~22:00

우주선 모양의 이 독특한 건물은 각종 브랜드 매장과 부티크, 카페, 레스토랑 등이 있는 대형 쇼핑몰이며, 내부에는 놀이기구인 자이로드롭도 있다.

### 누르 알렘 미래 에너지 박물관
**Atyrau bridge**

- Mangilik El Ave. 55/13
- 10:00 ~20:00 (월요일 휴관)
- 1,500텡게

2017 엑스포 부지에 세워진 전시관으로 높이 100m, 지름 80m로 세계 최대 규모의 원형 건축물이다. 8개 층으로 구성된 내부는 우주, 태양, 바람, 물 등 대체 에너지의 유형을 전시하고 있다.

## 아티라우 다리
**Atyrau bridge**

길이 314m, 폭 10.5m의 아티라우 다리는 아스타나의 상징적인 최신 건축물 중에 하나로 새로운 관광 명소로 떠오르고 있는 곳이다. 다리의 전체적인 외관은 아티라우 지역의 고유종인 카스피 철갑상어의 모양이라고 한다. Central Park와 연결되어 있다.

## 카자흐스탄 국립 박물관
**National Museum of the Republic of Kazakhstan**

- Tauelsizdik Ave. 54
- 10:00 ~18:00 (월요일 휴관)
- 700텡게

독립광장에 위치한 국립 박물관은 파란색 유리와 흰색 대리석으로 이루어진 독특한 외관 때문에 눈길을 끄는 곳이다. 총 11개 홀로 구성된 박물관에는 선사시대부터 현재에 이르기까지 카자흐스탄의 역사와 문화를 보여주는 전시물들로 가득하다.

## 하즈라트 술탄 모스크
**Hazrat Sultan Mosque**

- Tauelsizdik Ave. 48
- 24시간
- 무료

'거룩한 술탄'을 의미하는 이 모스크는 전통적 이슬람 양식과 카자흐 장식품으로 장식되어 있으며, 크고 웅장한 돔과 우뚝 솟은 77m 높이의 우아한 첨탑이 측면을 장식하고 있다. 내부의 기도실은 커다란 궁전을 연상케 한다. 다른 모스크와 달리 내부 입장 시 여성은 모자가 달린 파란색 옷을 입어야 한다.

# Shymkent

## 심켄트

**아스타나에 이어 세 번째로 큰 도시**

심켄트는 카자흐스탄에서 알마티, 아스타나에 이어 세 번째로 큰 도시이다. 알마티에서 서쪽으로 700km, 수도인 아스타나에서는 남쪽으로 1,500km 떨어져 있으나 인접 국가인 우즈베키스탄의 타슈켄트와는 불과 120km 떨어진 국경 도시이다. 역사적으로 12세기에는 실크로드 무역 중심지였으며, 20세기에는 남카자흐스탄의 경제발전의 중심지가 되었다.

# Shymkent IN & OUT

## 심켄트 드나들기

심켄트로의 도착은 알마티에서 야간열차를 타고 오거나 우즈베키스탄의 타슈켄트에서 버스를 타고 온다. 물론 국내선 비행기를 이용, 공항으로 도착할 수도 있다. 특히 알마티-심켄트 구간의 야간열차에는 화장실과 샤워실이 딸린 2인실이 있어 안락한 기차 여행도 가능하다.

★ 심켄트를 방문하는 대부분 여행객은 인접 국가인 우즈베키스탄이나 키르기스스탄으로의 육로 이동이 목적이거나 유네스코 세계문화유산으로 지정된 코자 아흐메드 야사위(Khoja Ahmed Yasawi) 영묘가 있는 인근 도시 투르키스탄을 방문하기 위해서이다. 심켄트 시내에서는 대형 쇼핑몰인 Shymkent Plaza를 중심으로 아르바트 거리, Abay Park 등을 산책하듯이 걸어보도록 하자.

Shymkent Plaza

### 심켄트에서 투르키스탄 코자 아흐메드 야사위(Khoja Ahmed Yasawi)영묘 다녀오기

심켄트에서 북서쪽으로 160km 떨어져 있는 투르키스탄까지는 차로 약 2시간 가량 소요된다. 가장 편하고 빠르게 갈 수 있는 택시를 탈 경우 편도 10,000텡게 정도로 일행이 서너 명이라면 나쁜 선택은 아니다. 합승 택시의 경우 1인당 2,000텡게이지만 손님이 모두 모여질 때까지 기다림을 각오해야 한다. 두 도시 간을 운행하는 마르슈트카(미니버스)도 있으니 일행이 없다면 시도해 보자.

심켄트 시내버스

**❶ 심켄트 시내에서 Samal 버스 터미널로 가기**
(시내에서 택시 이용 시 500텡게 내외 / 쇼핑몰 Mega Planet 앞에서 시내버스 19, 69번을 타고 터미널 앞 하차. 요금은 70텡게)

**❷ 버스 터미널에서 투르키스탄행 마르슈트카 타기**
(마르슈트카는 승객이 다 채워져야 출발하는 시스템이지만 두 도시 간을 왕래하는 사람들이 많아 그리 오래 기다리지 않아도 된다. 요금은 1,500텡게)

심켄트행 마르슈트카 타는 곳

**❸** 하차는 버스의 종점인 터미널까지 가지 말고 버스가 투르키스탄 시내로 접어들어 야사위 영묘가 왼쪽 정면으로 보이는 곳에서 하차하자.

**❹** 투르키스탄에서의 일정을 마치고 심켄트행 마르슈트카를 타기 위해서는 버스터미널로 가야 한다. 택시를 타거나(300텡게 내외) 시내버스 1, 2, 5 ,6, 7, 15번을 타고 Altin Orda Otogari에서 하차하면 맞은편에 있다.

투르키스탄행 마르슈트카 타는 곳

## 코자 아흐메드 야사위 영묘

**Mausoleum of Khoja Ahmed Yasawi**

- 09:00 ~18:00
- 500텡게

이곳은 12세기 유명한 철학자이자 시인이었으며 수피(Sufi) 지도자였던 코자 아흐메드 야샤위의 영묘로 티무르 시대였던 1389~1405년에 건축되었다. 티무르의 사망으로 건축이 중단되어 아직도 일부 미완성으로 남아 있다. 페르시아의 건축 대가들이 사용했던 실험적인 건축적, 구조적 공법은 훗날 티무르 제국의 수도 사마르칸트 건설에도 적용되었다. 이 영묘는 티무르 시대의 건축물 중 규모가 가장 크고 보존이 잘 되어 있다고 한다. 티무르 시대의 뛰어난 건축적 성과로서 이슬람교 건축물 발달에 크게 이바지하였으며, 영묘와 그 터는 중앙아시아 지역 문화와 티무르 시대의 건축 역사를 이해하는 데 중요한 역할을 하고 있어 2003년 유네스코 세계 문화유산으로 등재되었다. 무엇보다도 상당한 규모의 외벽은 티무르 시대 건축물들의 전형적인 특징인 기하학적 패턴의 묘비 장식들이 새겨진 광택 나는 타일로 덮여 있어 보는 이로 하여금 감탄을 자아내게 한다. 영묘의 벽에는 고대 아라비아 문자인 쿠피체 문자가 새겨져 있고, 돔을 받치는 원통형 기둥들에는 코란의 구절들이 새겨져 있다. 이곳은 19세기에 코칸트 칸이 영묘를 요새화하면서, 그 주위에 진흙으로 쌓아 올린 방어벽을 설치하였는데 지금은 재건축되어 도시와 영묘를 구분하고 있다. 이 종교 단지 내에는 야사위 영묘 이외에도 Rabia Sultan Begum 영묘를 비롯해 지하 모스크, 목욕탕 박물관, 주마 모스크 박물관 등이 있으며, 실크로드의 상징인 낙타를 타보는 체험도 할 수 있다.

# KYRGYZSTAN

## 키르기스스탄

'중앙아시아의 스위스'로 불리는 키르기스스탄은 북쪽으로 카자흐스탄, 서쪽으로 우즈베키스탄 그리고 동쪽과 남쪽으로 타지키스탄과 중국 사이에 위치한 내륙 국가로 해발 7,000m가 넘는 고봉들을 품에 안고 있는 톈산산맥 아래에 자리 잡고 있어 천혜의 자연환경을 자랑한다. 유목민 문화를 기반으로 한 가축 사육과 예술성 있는 카펫, 자수와 같은 수공예품을 생산하는 것으로도 유명하다. 최근에는 우리나라의 티웨이 항공이 취항하면서 접근성이 좋아져 트레킹 및 캠핑을 통해 때 묻지 않은 자연을 즐기려는 여행객들에게 최고의 여행지로 떠오르고 있다.

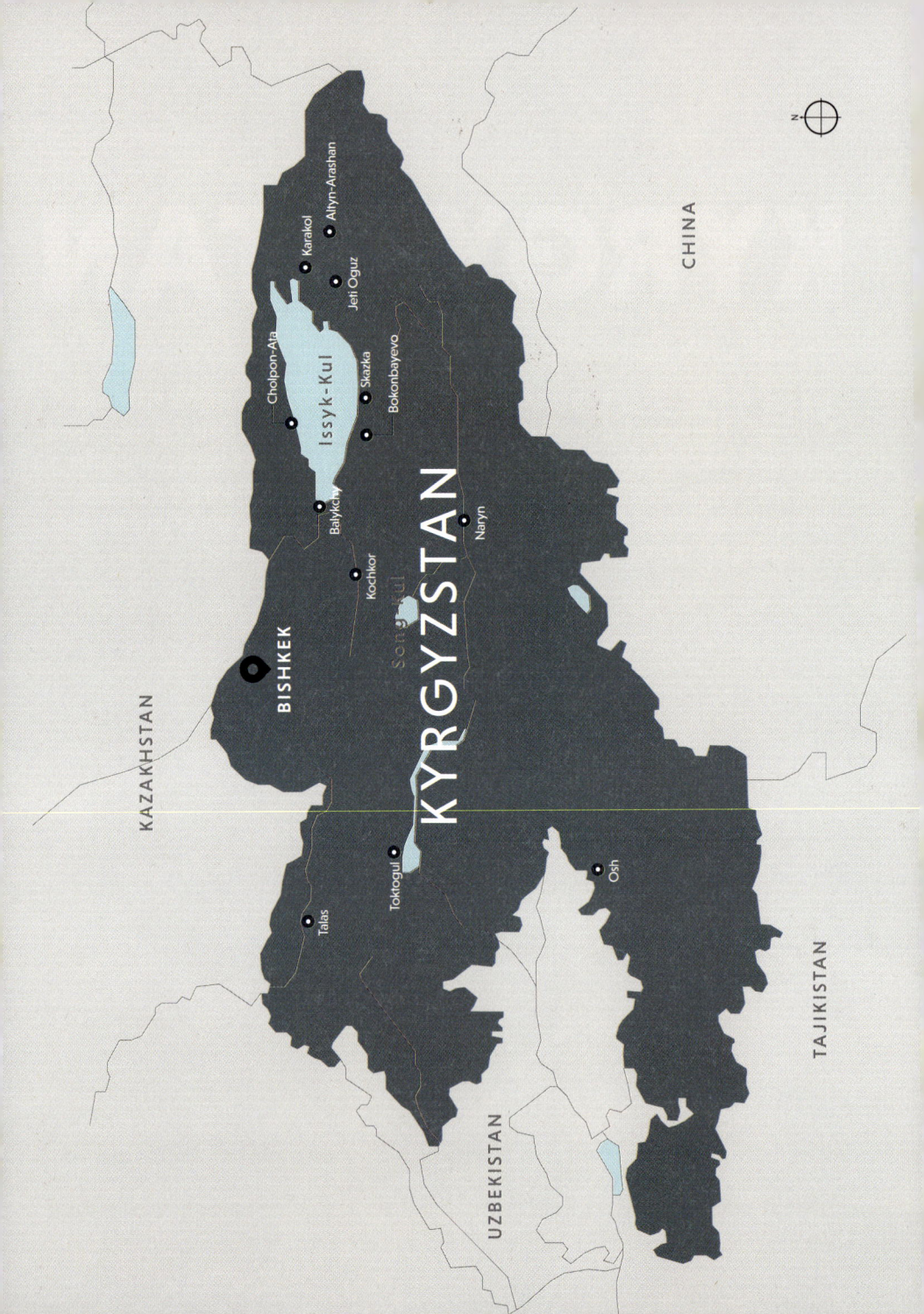

BEST
1

# Song-Kul Lake

---

### 송쿨 호수

해발 3,000m가 넘는 곳에 위치한 송쿨 호수에서
주변의 비현실적 풍경과 함께 유르트에서 보내는 하룻밤은
평생 잊지 못할 기억으로 남을 것이다.

## 알틴 아라샨 트레킹

전문가가 아니어도 키르기스스탄의 대자연을 가슴으로 느낄 수 있는 곳.
해발 2,500m에서 즐기는 온천은 또다른 즐거움이다.

## BEST 3

# *Issyk-Kul Lake*

### 이식쿨 호수

해발 1,600m에 위치한 세계에서 두 번째로 큰 산정 호수는
눈 덮인 높은 산맥으로 둘러싸여 있어 멋진 경관을 자랑한다.
휴양지로서 뿐만 아니라 호수 주변으로
독특한 관광명소가 많아 꼭 방문하게 되는 곳이다.

국명 키르기스스탄

# KYRGYZ REPUBLIC

## CAPITAL CITY
**Bishkek**
수도 비슈케크

TIME 시차
**3h**

### AREA 면적
**199,951 km²**

### RELIGIONS
종교

**90%** 이슬람교
**7%** 기독교
**3%** 기타

### EXCHANGE RATES
환율

1솜 = 약 16원
(2025년 4월 기준)

### VOLTAGE
전압

**220V / 50Hz**

### GDP
**155억$**

### VISA
비자

**60일 무비자**

대한민국 국민은 키르기스스탄에 현재 무비자 입국이 가능하다. 무비자로 최대 60일간 체류할 수 있고, 60일 체류 이후 출국하면 60일이 지난 후에 다시 무비자로 입국이 가능하다. 60일이 지나지 않은 상태에서 120일 이내에 재입국하려면, 반드시 입국 목적에 맞는 비자를 받아야 한다.

### LANGUAGES
언어

키르기스어(공용어) **70%**
우즈벡어 **15%**
러시아어(공용어) **10%**
기타 **5%**

### POPULATION
인구

약 700만명

0 — 500 million — 1000 million

## SEASON TO TRAVEL
여행 적기

# 4월 중순 ~ 10월 중순

키르기스스탄의 여행 적기는 4월 중순 ~ 10월 중순이며 여름인 7월과 8월은 최성수기에 해당하므로 장단점이 있다. 가장 좋은 계절은 초원에 꽃이 피는 봄과 단풍으로 물든 가을로 걷고 활동하기에도 좋다. 하지만 송쿨호수와 같이 꼭 여름에만 갈 수 있는 곳들도 있으니 가고자 하는 목적지에 따라 여행 시기를 선택해야 할 것이다. 일교차가 크고 산악지대가 많아 항상 옷차림에 유의해야 한다. 겨울로 접어드는 11월부터 3월까지는 피하는 게 좋다. 이 시기에는 추울 뿐만 아니라 간혹 도로가 폐쇄되기도 하고 관광지들이 문을 닫는 곳도 많다.

## PUBLIC HOLIDAY
공휴일 (2024)

| 날짜 | 공휴일 |
|---|---|
| 1월 1일 | 새해 |
| 1월 7일 | 정교회 크리스마스 |
| 2월 23일 | 조국 수호자의 날 |
| 3월 8일 | 세계 여성의 날 |
| 3월 21일 | 누루즈(설날) |
| 4월 7일 | 혁명기념일 |
| 5월 1일 | 노동절 |
| 5월 5일 | 제헌절 |
| 5월 9일 | 승리의 날 |
| 8월 31일 | 독립기념일 |
| 11월 7일 | 역사와 조상 기억의 날 |

## CONTACT
전화 +996

주키르기스스탄 대한민국 대사관
35, Str. Akhunbaev, Bishkek

연락처 +996-312-579-771, +996-312-579-773(영사과)
영사업무 및 비상연락처
야간·휴일 비상연락처 +996-500-579-773
영사콜센터(서울, 24시간) +822-3210-0404
E-mail korea.kg@mofa.go.kr

## MONETARY UNIT
통화

솜 SOM (단위 KGS)

20 SOM

200 SOM

1 SOM

50 SOM

500 SOM

3 SOM

100 SOM

1,000 SOM

5 SOM

10 SOM

# HISTORY 키르기스스탄 역사

키르기스스탄 민족은 기록에 의하면 기원전 200년경 투르크족의 일부로 등장하며 몽골 북동부 예니세이강 지역에 거주했다. 5세기경부터 서진을 시작하여 6세기 중반에는 돌궐에 병합되었고, 8세기경에는 돌궐을 물리친 위구르 제국의 지배를 받았으며, 9세기경에는 위구르를 물리치고 현재의 천산 지역까지 세력을 확장하였다. 13세기 몽골의 침략이 시작되자 남쪽으로 이동을 하기 시작해 중앙아시아 지역에 거주하기 시작한다. 한동안 통일된 세력을 형성하지 못하고 몽골, 청나라, 코칸트 칸국의 지배를 받았으며 1876년 러시아 제국에 병합되었다. 러시아 혁명 이후 소비에트연방공화국의 자치 공화국에서 1936년 소연방의 구성 공화국으로 승격되었다. 소련의 해체와 함께 1991년 독립하여 '키르기스 공화국'이 되었다. 독립 이후 시장경제로의 전환 과정에서 많은 경제적, 정치적 변화와 시련의 시기를 겪었지만, 최근에는 안정된 젊은 개발도상국의 이미지로 탈바꿈하고 있다. '키르기스'는 투르크계 언어로 '사십(40)'을 뜻하는데 이는 민족 서사시 <마나스>에 등장하는 40개의 부족에서 유래되었다고 한다.

## 키르기스스탄 국기

현재의 키르기스스탄 국기는 1992년 3월 3일 소련으로부터 독립한 후 채택되었다. 중앙에는 노란 태양이 있는 붉은색 바탕으로 구성되어 있으며, 태양의 40개 광선은 고대에 존재했던 키르기스 부족의 수를 의미한다. 태양은 국가의 밝은 미래를 상징하며, 태양에 있는 두 개의 툰둑 문양과 깃발의 붉은색은 키르기스 사람들의 회복력과 용기를 상징하는 의미를 갖고 있다.

(2023년 12월 새롭게 변경된 국기)

# UNESCO 유네스코 무형문화유산

## ○ 아크 칼팍 공예, 키르기스의 남성용 모자를 만들고 쓰는 전통 지식과 기술 (2019년)

아크 칼팍(Ak-kalpak) 공예는 키르기스스탄의 전통 수공예이다. 아크 칼팍은 흰색 펠트로 만든 남성용 전통 모자로 매우 신성한 의미를 담고 있다. 아크 칼팍 공예는 관련 공동체 내의 공예가들이 대대로 전승하여 축적하고 끊임없이 발전시킨 지식과 기술의 총체이다. 공예 과정으로는 펠트 만들기, 원단 재단, 재봉, 패턴 수놓기 등이 있다. 관련 지식과 기술은 구두로 지도하기, 실기 교육, 공방에서의 공동 제작 등을 통해서 전승되고 있다. 80가지 이상의 아크 칼팍의 종류가 있으며, 이것들은 서로 다른 다양한 패턴으로 장식되어 있고, 그 각각의 아크 칼팍에는 신성한 의미와 역사가 담겨 있다. 꼭 두 손으로 쓰고 벗어야 하며, 선물 받은 것은 남에게 주거나 팔 수 없고 상속만 가능하다고 한다. 환경친화적이고 착용이 편안한 아크 칼팍은 눈 덮인 봉우리를 닮은 모양에 각각 공기, 물, 불, 땅의 4원소를 나타내는 4개의 면으로 되어 있다. 4개의 테두리 선은 생명을 상징하고, 상단의 술은 조상의 후손임과 기억을 떠올리게 하며, 그 패턴은 가계도를 상징한다. 아크 칼팍은 다양한 키르기스 부족과 공동체를 하나로 묶고 키르기스 사람들을 다른 민족 집단과 구별하게 하는 표식이다. 하지만 다른 민족 집단의 대표자들이 축일이나 애도의 날을 맞아 단합과 슬픔을 표현하고자 아크 칼팍을 착용하기도 하며 이때 착용하는 아크 칼팍은 포용을 상징한다. 2011년에는 아크 칼팍의 날이 제정되기도 했다.

## ○ 전통 카펫 쉬르닥 (2012년)

펠트 카펫은 키르기스인의 대표적인 전통 예술 중 하나이자 중요한 문화유산이다. 펠트 카펫의 제작과 관련된 지식, 기술, 다양성, 장식 패턴의 의미, 카펫 직조와 관련된 의식 등은 모두 중요한 문화적 요소이며, 이 요소들에는 키르기스인의 정체성과 지속성이 담겨 있다. 키르기스인의 펠트 카펫 제작은 그것을 이용해서 집안을 따뜻하게 하고 아름답게 장식했던 유목민의 생활과 깊은 관계가 있다. 펠트 카펫을 만들기 위해서는 지역사회의 화합과 전통 기술 전승을 장려하는 것이 필요하다. 카펫 제작의 전통 기술 지식은 흔히 시골이나 산악 지대에 한데 모여 살고 있는 중년의 여성이 가족 내의 다른 젊은 여성에게 전수해 왔다. 그러나 오늘날 쉬르닥 카펫 제작 전통은 사라질 위기에 처해있다. 대부분 마흔 살 이상인 키르기스인 카펫 전통 기능보유자의 수가 점차 줄어들고 있기 때문이다. 카펫 전통을 지키기 위한 정부의 노력 부족과 젊은 세대의 무관심, 합성섬유로 짠 값싼 카펫의 높은 시장점유율, 카펫 제작에 필요한 재료의 부족과 이러한 기반 아래 직조된 질 낮은 카펫 상품 등으로 인해 전통 기술 보존 상황이 더욱 악화되고 있다.

# UNESCO 유네스코 무형문화유산

## ○ 콕 보루, 전통 승마 경기 Kok boru, traditional horse game (2017년)

콕 보루는 두 팀으로 나뉘어 말을 타고 겨루는 전통 경기이다. 말을 탄 선수들은 공 대신 울락(ulak)이라고 불리는 죽은 염소의 사체를 상대편의 골대인 타이 카잔(tai-kazan)으로 밀어 넣어 득점한다. 오늘날의 경기는 20분씩 모두 3번(전반·중반·후반전)으로 총 60분 동안 진행된다. 울락을 상대 팀의 골대에 많이 넣은 팀이 승리한다. 2000년대부터 선수들과 말의 안전을 위해서 근대화된 규칙과 규정을 문서화하고 국내 대회에 적용하기 시작했다. 이렇게 개발된 규칙과 벌칙은 선수들의 안전을 보장한다. 오늘날 울락은 염소의 사체 대신 모형을 만들어서 이용한다. 이 전통 승마 경기는 전통 풍습과 공연 등이 어우러진 일종의 종합 예술로 평가받고 있다.

### 현지투어 예약할 수 있는 곳

키르기스스탄은 그동안 중앙아시아의 스위스로 불릴 만큼 아름다운 자연경관으로 입소문이 나면서 트레킹을 목적으로 방문하는 여행객이 대부분이었다면 최근에는 유목민 문화 체험 및 스키, 승마 등 야외 모험을 즐기려는 여행객이 증가하고 있다. 자유여행의 형태로도 가능하지만 보다 효율적인 여행을 하기 위해서는 목적지에 따라 현지에서 운영하는 투어 프로그램을 이용하는 것이 좋다. 홈페이지를 운영하는 곳도 있지만 대부분 인스타그램을 통해 투어 상품을 소개하고 있다. 예약 및 문의 사항은 인스타그램 DM보다는 왓츠앱 메신저로 하는 것이 좋다.
가장 인기 있는 투어로는 Ala-Archa 1일 투어, 송쿨 호수 2일 투어, 이시쿨 주변 2일 투어 이외에도 카자흐스탄 남부의 콜사이 호수+차른 협곡 2일 투어 등 시기별로 다양한 프로그램을 운영하고 있으니, 회사별로 검색 후 맞는 일정을 찾아 선택하자.

📷 인스타그램 ID : kettik.kg / kg.country / aksaitravel.kg

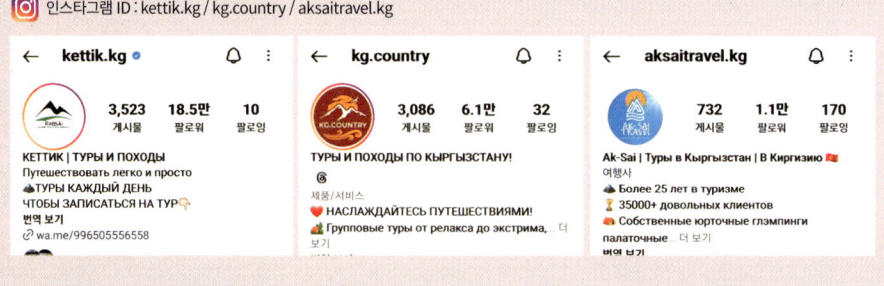

## 중앙아시아의 알프스라 불리는 키르기스스탄!

문명교류사에서도 중요한 탈라스 전투가 벌어졌던 그곳에서 키르기스스탄의 유목문화, 실크로드 인문학 등의 문화관광 분야의 여행업을 운영하는 추상훈 대표를 만났다.

### 키르기스스탄은 우리나라 분들에게 생소한 곳인데, 이곳은 언제 어떻게 오게 됐나요?

개인적으로 많은 나라를 여행하며 언젠가는 외국에서 가족과 함께 살겠다고 생각하고 있었는데, 실행에 옮길 적절한 시기를 못 잡고 있었죠. 그러다 2018년 아버님이 돌아가시고 더 늦기 전에 떠나야겠다고 생각하게 되었습니다. 그해 여름 가족과 함께 일주일 정도 키르기스스탄을 여행했었는데, 다행히 가족들은 이곳을 마음에 들어 하더라구요. 그래서 이듬해인 2019년에 가족과 함께 10년의 계획으로 이곳으로 이사를 왔습니다.

### 지금은 구체적으로 어떤 일을 하고 계시는가요?

KOICA(한국 국제협력단)의 IBS(포용적 비즈니스 솔루션) 사업으로 'KF(Kyrgyz Friends) 실크로드 문화관광 개발사업'이라는 민관협력 프로젝트의 현지 매니저로 사업을 수행하고 있습니다. 또한 사업 수행에 필요한 여행사를 만들어 키르기스스탄의 문화관광을 위주로 운영하고 있습니다.

### 운영하시는 여행사에는 어떤 여행상품들이 있나요?

위 프로젝트를 통해 키르기스스탄 전국에 10개의 문화마을을 발굴하고, 각 마을별로 5~7곳의 회원 집을 확보하여 여행객을 위한 숙소(민박)로 활용될 수 있도록 화장실, 샤워실 등의 리모델링을 했습니다. 따라서 여행객들이 오면 이곳 문화마을에 들러 키르기스스탄 현지 가정식 식사와 민박을 하며, 또한 현지에서만 가능한 체험활동들을 하며 키르기스스탄을 깊숙이 제대로 알아갈 수 있도록 하고 있습니다.

### 예를 들면 어떤 것들을 체험해 볼 수 있을까요?

키르기스스탄은 현존하는 나라 중에서 몽골과 함께 현재까지도 가장 유목민적인 특색을 유지하며 살아가고 있는 나라입니다. 이런 유목민의 전통들을 체험해 볼 수 있는 것들이 많은데, 유목민의 전통 결혼식, 콕 보루 경기 관람, 쉬르닥 만들기, 유르트 만들기, 악칼팍 써보기, 독수리 사냥, 승마 등 다양한 체험을 해볼 수 있습니다.

### 키르기스스탄을 여행하기 위해 오시는 분들에게 조언하자면

키르기스스탄까지 오실 정도의 여행객이라면 이미 많은 정보를 통해 공부하고 오셨겠지만, '불편함을 즐기라'라고 말씀드리고 싶네요. 산악지형이라 여행지 간 거리가 멀고, 도로 사정이 좋지 않으며, 화장실 등의 편의시설이 잘 갖춰져 있지 않고, 숙박시설도 지방으로 가면 불편한 곳들이 많습니다. 키르기스스탄 정부와 민간에서 이런 불편한 점들을 개선하기 위해 많은 노력을 하고 있지만 여전히 시간이 필요한 것도 사실이기 때문에, 이런 점들을 미리 알고 오셔서 여행 자체를 즐기시길 바랍니다.

kyrgyzfriends 대표
추상훈

KYRGYZFRIENDS
www.kyrgyzfriends.com
페이스북과 유튜브, 인스타그램 채널에서 kyrgyzfriends으로 검색

문의
kyrgyzfriends@gmail.com

유르트 만들기 체험

# Bishkek
## 비슈케크

키르기스스탄의 수도이자 정치, 경제, 문화 중심지

1991년 구소련에서 독립하면서 비슈케크라는 이름을 사용했으며 그 이전에는 공산당 혁명가인 '미하일 프룬제'의 이름을 따 '프룬제'로 불렸다. 아직도 이곳에는 프룬제 이름이 붙은 거리를 비롯해 식당, 호텔, 슈퍼마켓 등도 있으며, 곳곳에서 구소련의 흔적을 쉽게 찾아볼 수 있다. 이웃 나라인 우즈베키스탄의 타슈켄트 동북쪽 그리고 카자흐스탄과의 국경과 가까운 북쪽에 자리 잡고 있어 러시아로 향하는 물류허브 역할을 하며 빠르게 성장하고 있다. 수도로 인구가 집중되고 있어 차량 증가로 인한 공해와 교통체증 문제들이 발생하고 있지만 도시 내의 넓은 녹지 공간과 현대적인 쇼핑몰 및 트렌디한 카페들이 어우러져 젊고 역동적인 모습을 보여 주고 있다.

# Bishkek IN & OUT

## 비슈케크 드나들기

키르기스스탄은 내륙 국가로 우즈베키스탄, 카자흐스탄 그리고 중국과 타지키스탄과도 국경을 접하고 있어 수도인 비슈케크로 들어가기 위해서는 일반적으로 항공으로 이동해야 한다. 하지만 카자흐스탄의 알마티와는 인접해 있어 육로이동이 가능하다.

### 01 항공

현재 인천공항에서 비슈케크로 가는 직항편으로 우리나라의 티웨이항공이 주 2회 운항하고 있으며 카자흐스탄의 알마티 또는 우즈베키스탄의 타슈켄트를 경유하면 매일 출발이 가능하다.

#### ✈ 마나스 국제공항 Manas International Airport

키르기스스탄의 관문 마나스 국제공항은 중앙아시아에서는 가장 현대적인 공항 중 하나이다. 민족적 영웅으로 추앙받는 마나스의 이름을 딴 이 공항은 비슈케크 시내에서 북서쪽으로 23km 떨어져 있으며 대부분 CIS 국가 및 아시아, 중동 지역 국가의 항공이 취항하고 있다. 키르기스스탄 제2의 도시인 오쉬(Osh)로 가는 tezjet항공도 이곳에서 출발한다. 입국장을 나오면 환전소, 유심 판매소 및 공항 택시 예약 부스를 쉽게 찾을 수 있다.

**t'way | 티웨이 항공**
6월 1일~10월 26일
주 2회 운항
인천 출발 (화, 토)
비슈케크 출발 (일, 수)

마나스 국제공항

### 공항에서 환전 및 유심 구입하기

**환전** 공항 환전소의 환율이 시내보다 좋지 않은 게 일반적이지만 이곳은 시내와 거의 차이가 없다. 환전은 미국 달러가 가장 편하지만, 지폐에 조금이라도 낙서나 이물질의 흔적이 있으면 환전을 해주지 않으니 미국 달러 구입시 미리 확인해 두자.

**유심** 공항 내에 대표적인 통신사 Beeline과 O! 가 있다. 이곳에서는 Beeline보다 O! 를 조금 더 선호한다. 비용은 제공되는 조건에 따라 다르지만, 일반적으로 7일간 데이터만 사용한다면 5,000원 내외로 구입할 수 있다.

## 공항에서 시내가기

### 1. 택시

입국장을 나오면 우측에 파란색 글씨로 'AIRPORT TAXI'라고 쓰인 사무실로 가서 목적지를 말하고 예약할 수 있다. 하지만 가장 좋은 방법은 현지 유심을 구입 후 데이터를 활성화한 후 Yandex Go라는 택시 애플리케이션을 이용하는 것이다. 보통은 10분 이내에 택시가 도착한다(Yandex Go 사용법 67쪽 참조). 주의할 것은 '택시'를 외치며 호객하는 기사와는 절대 흥정하지 않는 것이다. 공항에서 시내까지 약 800솜~1,000솜

### 2. 미니밴

짐이 아주 많거나 도착 시간이 이른 새벽 또는 늦은 저녁이 아니라면 오쉬 바자르 인근까지 운행하는 380번 버스(미니밴)를 이용하면 매우 경제적이다. 타는 곳은 공항 밖으로 나와 우측 끝까지 가면 쉽게 찾을 수 있다. 요금은 70솜이며 짐이 있으면 90솜이다. 소요 시간은 약 40분 정도로 종점에서 하차하면 된다. 시내에서 공항으로 이동 시에도 하차했던 곳에서 타면 된다. 타는 곳은 오쉬 바자르 앞 Chuy Ave와 Jash Gvardiya Blvd가 만나는 사거리 모퉁이에 있으며 구글 지도에도 'Bus 380(Marshrutka) to Manas Airport'로 표시되어 있다.

공항 미니밴 / 시내 미니밴

## 02 버스

인접 국가인 카자흐스탄의 알마티 그리고 우즈베키스탄의 타슈켄트뿐만 아니라 모스크바, 예카테린부르크, 노보시비르스크 등 러시아의 주요 도시에서 버스로 이동 가능하다. 특히 카자흐스탄의 알마티의 경우 항공보다는 버스 이동을 더 선호한다. 대부분의 버스는 서부버스터미널(Western Bus Station)이 아니라 새로운 곳으로 이전 한 NEW Bishkek bus station에 도착한다.

### 버스터미널 NEW Bishkek bus station

국제선 버스는 물론 키르기스스탄의 주요 도시를 운행하는 버스 및 마르슈트카(Marshutka)라 불리는 미니밴을 타고 내리는 곳이어서 키르기스스탄을 여행하면서 적어도 한 번쯤은 반드시 들르게 되는 곳이다. 새롭게 이전한 NEW Bishkek bus station은 예전 서부버스터미널만큼은 복잡하지 않아 이용하기 수월해졌다. 하지만 시내 중심에서 좀 떨어져 있어 택시를 이용하는 게 좋다. 대중교통으로는 터미널이 종점인 버스 13, 8T, 104번이 시내를 지나감으로 저렴하게 이용할 수 있다. 터미널 내에는 매표소 건물을 비롯해 환전소, 슈퍼마켓, 간이 식당, 유료 화장실(100텡게)등이 있다.

마르슈트카 / 터미널

## 비슈케크(БИШКЕК) - 알마티(АЛМАТЫ) 버스로 이동하기

매표소

알마티행 버스 탑승장

출국심사 후 도보로 국경 넘기

카자흐스탄 입국 심사 후 버스 탑승하는 곳

비슈케크행 버스 탑승장

알마티 매표소

알마티 사이란 버스 터미널

휴게소

두 도시 간은 거리가 그리 멀지 않아 항공 이동보다는 버스를 타고 국경을 넘는 육로 이동을 선호한다. 이 구간은 외국 여행객과 현지인들로 항상 승객이 많아서 예약하는 게 좋다. 티켓뿐만 아니라 버스에 표시된 목적지도 모두 러시아어로 표기되어 있으니 두 도시 이름만큼은 러시아어 글자를 익혀두도록 하자. 비슈케크 출발은 하루 5회 그리고 알마티 출발은 하루 6회 운행한다. 버스는 우리의 일반 고속버스와 비슷하며 좌석 지정제로 운영된다. 티켓은 비슈케크의 경우 NEW Bishkek bus station 그리고 알마티는 사이란 버스 터미널 (Bus Station Sayran) 매표소에서 살 수 있다. 티켓 구매시에는 반드시 여권이 필요하다. 알마티 출발의 경우 사이란 버스 터미널 홈페이지 https://ma-sairan.kz에서도 가능하다.

비슈케크에서 알마티까지의 이동 시간은 국경의 혼잡도에 따라 5시간 30분에서 6시간 정도 예상하면 된다. 비슈케크에서 출발한 버스가 1시간 후 국경에 도착하면 모든 승객은 버스에 내려서 자기 짐을 갖고 출국 심사를 받는다. 출국 심사 후 국경선을 도보로 넘어 카자흐스탄 입국 심사를 받는다. 입국 심사를 마치고 나와 본인이 타고 왔던 버스를 기다렸다 다시 짐을 싣고 탑승하면 된다. 한국 여권 소지자의 경우 특별한 경우가 아니면 쉽게 출입국 심사대를 통과할 수 있다. 보통 출입국 심사를 마치고 다시 차량 탑승까지 1시간 정도 소요된다.

키르기스스탄보다는 잘 정비된 아스팔트 도로를 따라 알마티 시내로 향하는 버스는 한 번의 휴게소 정차 후 알마티 버스 터미널에 도착한다.

알마티에서 비슈케크행 버스 매표소 및 탑승장은 사이란 버스 터미널 1층 맨 우측에 있으며 2번 플랫폼에서 출발한다.

\* 알마티 사이란 버스 터미널 내에는 환전소도 유심을 살 수 있는 곳도 없으니, 키르기스스탄에서 또는 국경에서 조금이라도 미리 환전을 해두는 게 좋다. 유심은 터미널 건물 정면을 바라보고 오른쪽 끝 큰 대로변(Utegen Batyr St)에 'AK, ЖOЛ' 이라고 쓰인 상점에서 살 수 있다.

비슈케크 출발 08:00, 10:00, 12:00, 14:00, 18:00   600솜
알마티 출발 08:00, 10:00, 12:00, 14:00, 16:00, 18:00   3,200텡게

유심을 살 수 있는 곳

## Nomad Inn Guesthouse

개인이 운영하는 게스트 하우스이기는 하지만 호텔 형식의 객실을 갖추고 있어 호스텔 비용으로 독립된 객실을 사용할 수 있다는 것이 최대 장점인 곳이다. 객실에는 욕실 및 화장실 그리고 옷장, 커피포트 등이 있으며, 세탁 및 건조기 사용이 무료이다. 또한 공용 키친 또한 잘 갖추어져 있다. 특히 송쿨 호수 지역에 최고의 유르트를 운영하는 투어 회사 Ullush Travel이 맞은편에 있어 투어 이용 시에도 편리하다. 인근에는 대형 슈퍼마켓이 있는 Vefa 쇼핑몰을 비롯해 환전소 등 다양한 편의시설이 있다.

📍 39 Baitik Baatyr St. Bishkek

## 시내 교통

비슈케크 시내는 알라투광장을 중심으로 도보 여행이 가능하나 오쉬 바자르, 서부 버스 터미널 등은 현지 대중교통을 이용해야 한다. 비용이 저렴해서 짧은 구간이라도 적절히 이용하면 보다 효율적인 여행을 할 수 있다.

###  버스

비슈케크 시내를 다니는 대중교통으로는 일반버스와 트롤리버스 그리고 마르슈트카라고 불리는 미니버스가 있다. 지하철이 없는 이곳에서 이 버스들은 비슈케크 시내를 거미줄처럼 구석구석 연결하고 있다. 하지만 현지 언어를 모르는 여행객으로서는 노선도가 없는 버스를 이용하기란 쉽지 않다. 다른 중앙아시아 국가에서와 같이 Yandex Maps and Navigator라는 애플리케이션을 이용해 버스 타기를 시도해 보자. 서부 버스 터미널이 종점인 트롤리버스 6번은 시내 중심인 Kiev St.를 지나가는 노선이라 자주 이용하게 될 것이다. 버스 요금은 20솜이며 앞문으로 타면서 운전사에게 지불하는 형식이다. 출퇴근 시간의 경우 교통체증이 심해서 짧은 거리라면 걷는 편이 더 나을 수 있다.

일반버스
트롤리버스
marshrutka

###  택시

비슈케크는 택시 비용이 비교적 저렴해서 큰 짐이 있거나 일행이 있다면 택시 타는 것을 추천한다. Taxi라고 쓰여 있는 차는 극히 일부이며 대부분 일반 자가용으로 택시 영업을 하고 있다. 정차해 있는 택시 기사와는 흥정하지 않는 것이 좋다. 반드시 Yandex Go라는 애플리케이션을 이용하자. 간혹 거스름돈이 없다고 하는 경우도 있으니 타기 전 잔돈을 준비해 두는 것이 좋다. 시내에서 택시 이용 시 요금은 대략 150솜~250솜 정도이다.

# Bishkek Attractions

## 알라투 광장
### Ala-Too Square

시내 가장 중심부에 있는 이 광장은 비슈케크를 방문하는 여행객이라면 반드시 한 번쯤은 지나가거나 들러서 기념 촬영을 하는 곳이다. 이 광장의 이름은 남쪽에 보이는 알라투 산맥에서 유래되었다고 한다. 국가의 중요 행사를 위한 장소로 사용되는 이 광장은 2005년 키르기스스탄 튤립혁명의 역사적 장소이기도 하다. 1984년에 건설된 이 광장은 시내 중심을 동서로 관통하는 추이 대로(Chuy Aveneu)를 사이에 두고 두 부분으로 구성되어 있으며, 1991년 소련으로부터 독립할 때까지 레닌 광장으로 불렸다. 현재 마나스 동상이 있던 자리에는 레닌 동상이 있었다고 한다. 레닌 동상은 현재 국립 역사박물관 뒤쪽 작은 공원으로 옮겨져 있다. 마나스 동상 옆 45m 높이의 깃대에서 펄럭이는 키르기스스탄 국기가 매우 인상적이다. 국기 게양대 아래 초소에서 광장을 지키고 있는듯한 근위병들의 교대식 또한 볼거리를 제공한다. 국기 게양대 맞은편 광장은 잘 조성된 화단과 분수대가 있어 시민들의 휴식처 및 만남의 장소로 많이 이용된다.

### 마나스 기념비 Manas Statue

'마나스'는 뿔뿔이 흩어진 40개 부족을 하나로 결속시켜 외세에 맞선 키르기스의 영웅 마나스와 그의 아들, 손자로 이어지는 3대의 활약 담은 구연으로 전하는 대서사시이다. 50만 행까지 이르는 방대한 분량으로 세계 최장의 서사시로 꼽히며, 키르기스 문학의 원천일 뿐만 아니라 역사와 문화, 도덕, 사회, 종교의 전통적 토대로 인정되어 유네스코 세계문화유산에 등재되었다. 마나스를 구연하는 사람을 통칭하여 '마나스치'라 부르는데, 엄청난 분량의 서사시를 앉은자리에서 무려 13시간에 걸쳐 음송하기도 하여 키르기스 사회에서 존경받는 사람이다. 키르기스 정부는 2015년부터 12월 4일을 '마나스의 날'로 정하여 기리고 있지만, 공연을 위한 마나스 축제는 관광객이 많은 여름철에 열린다. 마나스 동상은 이곳 알라투 광장에서뿐만 아니라 필하모니 홀 앞 광장에서도 볼 수 있다.

## 국립역사박물관
### National History Museum

- 11:00~18:00 / 휴무 : 매주 월요일 및 매월 마지막 주 금요일
- 150솜

알라투 광장의 마나스 동상 뒤로 보이는 커다란 하얀색 건물이 키르기스스탄의 역사를 한눈에 볼 수 있는 국립 역사박물관이다. 소장품이 그리 많지는 않지만 청동기 시대의 동굴 조각품을 비롯해 고대 유물들이 전시되어 있으며 실물 크기의 유목민 전통 가옥인 유르트가 매우 인상적이다. 박물관 한쪽에 한국에서 선물한 '천마총 황금 왕관'도 전시되어 있다. 박물관 내에서는 카메라로 촬영이 금지되어 있으나 핸드폰으로 촬영하는 것은 허용된다. 1층 매표소 맞은편에는 Tourist Information Centre가 있어, 지도 및 여행 정보도 얻을 수 있다. 박물관 주변으로 오페라 발레 극장을 비롯해 국립현대미술관 등 문화 예술 공간들이 모여 있으니 함께 둘러보도록 하자.

## 오쉬 바자르
### Osh Bazaar

- 09:00 ~ 17:00

바자르는 중동 지역을 중심으로 그 주변 국가들의 도시에서 열리던 전통시장을 의미한다, 오쉬는 옛 실크로드 교역로 중의 하나이며 현재 키르기스스탄 제2의 도시이기도 하다. 비슈케크에 오쉬 출신들의 상인이 많이 모여 장사를 하기 시작했다고 해서 오쉬 바자르라고 이름이 붙여졌다고 한다. 이곳은 비슈케크에서 가장 많은 사람이 왕래하는 곳으로 그 시장 규모가 너무 커서 자칫 길을 잃을 수도 있다. 전통 재래시장인 만큼 이곳에 가면 필요한 모든 것을 구할 수 있다. 여행객들이 가장 선호하는 것으로는 각종 과일, 전통 빵, 꿀, 견과류 및 말린 과일 등이다. 최근에는 외국 여행객들의 필수 방문 코스로 알려있을 만큼 유명세를 타고 있어 무엇을 사지 않더라도 구경하는 것만으로도 재미가 있는 곳이다. 외국 관광객이 많아지면서 종종 소매치기 사고도 발생한다고 하니 각별히 신경 쓰도록 하자.

# Café & Restaurant

### Navat Teahouse

Navat는 비슈케크에 8개의 체인점을 갖고 있는 중앙아시아 음식 전문점이다. 아름다운 실내 인테리어 뿐만 아니라 숙련된 직원들의 서비스를 받을 수 있는 곳이어서 외국인들도 자주 찾는다. 일반 음식점에 비해 다소 비싸게 느껴질 수 있지만 가성비로 보면 만족할 만한 수준이다.

- 100 Turusbekov St. Bishkek
- 10:00~24:00
- http://navat.kg/en

### SIERRA Coffee

차(Tea) 문화가 발달한 이곳에는 커피 전문점이 거의 없다. 카페라고 되어 있는 곳은 대부분 음식을 판매하는 식당 개념이다. 시내 중심에 있으며 항상 외국인 여행객들로 붐비는 이곳은 요즘 추세에 맞는 커피를 제공하고 있다. 넓은 야외 테이블과 아늑한 실내 공간이 있어 자주 찾게 되는 곳이다. 또한 커피뿐만 아니라 샐러드, 샌드위치, 햄버거 등을 판매하고 있어 한 끼 식사를 해도 좋을 곳이다.

- 57, 1 Manas Ave, Bishkek
- 07:30~23:00

### Roslin Coffee Lounge

2023년 11월에 오픈한 이곳은 규모는 작지만, 아기자기한 영국풍 실내장식이 눈길을 끄는 곳이다. 비슈케크 시내 중심에 있어 접근성도 좋을 뿐만 아니라, 아침 식사도 가능하며 특히 커피 맛이 일품이다.

- 26A Yakov Logvinenko St, Bishkek
- 08:00~22:00

## 키르기스스탄의 국민 음료

대표적인 음료 회사 Шopo(Shoro)의 제품으로 슈퍼마켓용뿐만 아니라 시내 곳곳 길거리에서 자주 볼 수 있다.

**ТАН(Tan)**
젖소 전유를 유산균, 유제품 효모, 식염으로 구성된 특수 발효물을 이용해 숙성해 만든 천연 발효유 음료. 정기적으로 섭취하면 대장염, 담낭염 및 알레르기 질환을 예방할 수 있다고 한다.

**МАКСЫМ (Maksym)**
엄선된 등급의 보리, 밀, 옥수수에 구운 땅콩과 지하수를 첨가하여 만든 무알코올 음료. 갈증과 배고픔을 충족시켜 주며 강장작용 등의 약효가 있다고 한다.

**ЧАЛАП (Chalap)**
신선한 우유에 비피도박테리아를 첨가하여 만든 전통적인 발효 음료

## 키르기스스탄 No.1 특산품 '아트바시 꿀'

키르기스스탄의 대표적인 특산물로 White Honey로도 잘 알려진 아트바시 꿀은 국제적으로 인정 받은 프리미엄 천연 꿀이다. 수많은 국제 양봉 대회에서의 수상 경력을 갖고 있다. 아트바시는 해발 2,300m에 있는 키르기스스탄의 청정 지역을 말하며, 이 지역에서 생산되는 꿀 중에서도 White Honey는 면역 체계 강화, 신진대사 촉진 및 개선의 효능은 물론 화상, 궤양, 종기, 습진, 백반증 등의 치료에도 효과적이라고 한다. 꿀이 흰색인 이유는 특정 꽃(Sweet clover, Alfalfa, Sainfoin)에서 얻은 꿀로 꽃에 있는 포도당이 효소에 의해 글루코산으로 바뀔 때 하얀 기포가 발생하여 꿀 전체가 하얗게 변하기 때문이라고 한다. 국내에서도 판매가 되는 제품으로 현지에서는 매우 저렴하니 선물용이 아니더라도 하나쯤은 꼭 구매해서 먹어 보자. 시장이나 슈퍼마켓에서도 다양한 꿀을 판매하지만, 이 아트바시 꿀은 꿀 전문 판매점에서만 살 수 있다. 대표적인 꿀 판매점은 Doctor Honey(Доктор Мёд)로 이 시내에서 그리 멀지 않은 곳에 있다. 비슈케크 공항을 이용할 여행객이라면 공항 출국장 면세점에서 살 수 있다. 공항 이용 여행객이 아니라도 공항 1층 Aero Cafe에서 살 수 있다 (우리나라에 수입 판매되는 제품은 공항에서만 판매되고 있다).

**Dr. Honey (Доктор Мёд)**
116 Kasymaly Bayalinov St.
09:00 ~ 19:00

# Shopping

Asia Mall

ZUM

Bishkek Park

트레킹 안내 표시

비슈케크 시내에서 남쪽으로 약 30km 떨어진 곳에 있는 알라 아르차 국립공원은 멀리 가지 않고도 키르기스스탄의 자연을 즐길 수 있어 주말 피크닉을 즐기는 사람부터 트레킹을 즐기려는 많은 내외국인 여행객이 찾는 곳이다. 국립공원 내에는 빙하와 4,000m가 넘는 높은 산들도 있어 빼어난 경관을 자랑한다. 관광객들이 주로 탐방하는 2개의 트레킹 코스 중 하나는 Aksai 폭포이며, 다른 하나는 알라 아르차 강 트레일로 주어진 시간만큼 갔다가 되돌아오는 코스이다. 트레킹이 목적이 아니어도 이국적인 가문비나무 숲과 눈 덮인 산을 바라보며 가볍게 산책하는 것만으로도 다녀올 만한 가치가 있다. 하지만 이곳은 대중교통 이용 시 불편해 택시를 타거나 현지 업체의 일일 투어를 이용해 다녀오는 걸 추천한다. 국립공원 입장료는 없지만 택시를 타고 간다면 자동차 공원 입장료 700솜을 지불해야 한다.

입구

악사이 폭포 풍경

포토존

## 버스 타고 다녀 오기

### ❶ 265번 마르슈트카(미니버스) 타기

265번 마르슈트카

오쉬 바자르(Osh Bazaar) 근처에 있는 버스정류장에서 카슈카수(Kashka-Suu / КАШКА-СУУ)행 265번 미니버스를 탄다(이곳이 출발점이며 구글 지도에서 'Post Office №10'를 검색 후 찾아 가면 바로 앞에 정류장이 있다). 카슈카수까지는 50분 정도 소요된다. 요금은 35솜이며 운전기사에게 지급하면 된다.

> ★ 출발 시간에 따라서 종점인 카슈카수에서 4km 더 올라가 국립공원 내 자동차 출입 차단기가 있는 곳까지 가기도 한다. 이곳 정류장 이름이 알라 아르차(Ala Archa)이며 이곳까지는 60솜이다.

### ❷ 종점인 카슈카수에 도착하면 여기서부터는 어떻게 공원 입구까지 갈 것인지 선택을 해야 한다.

이곳에서 자동차 출입 차단기가 있는 곳까지 4km, 그리고 그곳에서 실제 공원 입구까지 12km나 되는 먼 거리이다. 보통 이곳에서 택시를 타거나 265번 버스 운전사에게 부탁해서 자동차 차단기가 있는 입구까지 간다. 그곳부터 실제 공원 입구까지도 거리가 꽤 멀지만, 종종 걸어가는 등산객을 볼 수 있다.

카슈카수 종점

> ★ 자동차 차단기가 있는 곳을 통과하면 국립공원 내 거주하는 주민 중에서 택시 영업을 하는 사람들이 있으니, 그들과 협상 후 공원 입구까지 가는 방법도 있다.

### ❸ 공원 입구 앞 주차장에 도착했다면 (일일 투어 이용 시 이곳에서 하차한다) 작은 마트가 하나 있으니, 이곳에서 물과 간단한 간식거리를 챙겨 산책하듯이 시간이 주어진 만큼 키르기스스탄의 대자연을 만끽하자.

자동차 출입 차단기, 알라아르차 버스 정류장

공원 입구 앞 주차장

plus Travel

# Burana Tower
## 부라나 타워

키르기스스탄에서 가장 유명한 고고학 유적지 중 하나이다.

고대 도시 발라사군(Balasagun)의 유적으로 천문 관측과 망루의 목적으로 11세기에 지어졌으며 원래 높이는 45m였으나 수 세기에 걸쳐 여러 차례의 지진으로 파괴되어 높이가 25m로 줄어들었다고 한다. 현재의 모습은 붕괴 위험에 처해 있던 것을 1970년대 복원한 것이다. 한사람만이 지나갈 수 있는 좁은 계단을 통해 올라갈 수 있으며, 고즈넉한 넓은 들판 위에 우뚝 홀로 서 있어 보이지만 주변에는 야외 석상 박물관도 있다. 비슈케크에서 80km 떨어져 있어 택시를 이용해 당일치기로 다녀올 수 있다. 하지만 보통은 이식쿨 호수 투어 프로그램을 이용해서 방문하게 되는 곳이다. 대중교통으로는 Tokmok 버스 터미널까지 이동 후 그곳에서 다시 212번 미니버스를 타고 가야 한다.

**근교 2**

# Issyk-Kul Lake

## 이식쿨 호수

이식쿨 호수는 해발 1,600m 텐산산맥 기슭에 있는 세계에서 두 번째로 큰 산정호수로 길이 180km, 폭 70km에 달하며 가장 깊은 곳의 깊이가 700m이다. 소금기를 함유하고 있어 수영하기에도 좋고 피부병 치료에도 좋다고 알려져 구소련 시대에는 고위 관료들의 휴양지로도 각광을 받았다고 한다. 호수의 이름은 키르기스어로 '뜨거운 호수'라는 뜻이며 그래서 한겨울에도 얼지 않는다고 한다. 내륙 국가인 이곳에서는 바다라고 불리며, 50여 개의 물줄기가 호수로 흘러들고 있지만, 흘러 나가는 곳은 하나도 없다고 한다. 바다에 온 듯한 착각을 일으킬 정도로 넓은 호수는 수평선 넘어 보이는 만년설 산봉우리와 묘한 조화를 이뤄 경이로운 풍경을 선사한다. 호수 주변으로 이식쿨의 주도인 카라콜을 비롯해 휴양지인 촐폰아타 그리고 제티 오구즈, 스카즈카 등 관광지들이 많아 키르기스스탄을 방문하는 여행객은 한 번쯤은 꼭 보게 되는 곳이다.

# 촐폰아타
## Cholpon Ata

이식쿨 호수 해안의 최대 휴양 도시로 여름이면 내외국인 여행객들이 가장 많이 찾는 곳으로 유명 해수욕장을 방불케 한다. 특히 이곳에는 이식쿨 호수와 인접한 곳에 다양한 종교를 대표하는 5개의 예배당을 포함한 10개의 미니 박물관으로 구성된 루흐 오르도(Rukh Ordo) 문화센터와 도심 북쪽에 야외 암각화 박물관(Petrogliphs Museum)이 있어 여행객들의 발길이 끊이지 않는다. 휴양지답게 리조트, 호텔, 게스트하우스 등 숙소 선택의 폭이 넓은 편이다.

비슈케크의 서부 버스 터미널에서 촐폰아타행 마르슈트카(미니버스)를 타면 한번 휴게소 정차 후 촐폰아타에 도착한다. 소요 시간은 4시간이며 요금 400솜이다. 촐폰아타는 호숫가를 따라 길게 형성되어 있으므로 본인의 숙소와 가까운 곳에 하차하는 게 좋다. 촐폰아타 터미널에 하차했다면 걷거나 택시를 이용해야 한다.

슈퍼마켓 Narodnyi

재래시장 Rynok 옆 작은 공원

루흐 오르도

박물관에서 바라본 이식쿨 호수

## ● 암각화 박물관 Petrogliphs Museum

입구

🕐 08:00 ~ 20:00
💵 80솜

이식쿨 호수가 내려다보이는 곳에 있는 암각화 박물관은 우리나라에서는 좀처럼 보기 드문 야외 박물관이다. 멀리서 보면 수많은 크고 작은 돌들이 아무렇게나 방치된 듯 보이지만 이곳에 있는 암각화의 역사는 BC 7세기 ~ AD 11세기에 이르며 1,000개가 넘는다고 한다. 입구로 들어서면 암각화의 위치가 표시된 지도가 있으며, 옆의 작은 오두막이 매표소이다. 지도에는 소요 시간별 코스도 나와 있으니 미리 보고 가는 게 좋다. 암각화는 주로 앞쪽과 가장 먼 쪽에 많이 몰려 있다. 암각화가 있는 바위 옆에는 내용이 적힌 팻말이 있으니 찾기는 어렵지 않다. 이곳 암각화에서 가장 많이 볼 수 있는 동물은 산염소로 뒤로 휘어진 뿔과 짧은 다리가 특징이다. 그늘진 곳이 없어 한낮보다는 오전이나 늦은 오후에 방문하는 것이 좋다. 그래야 암각화의 모습이 더 잘 보인다.

# Karakol
## 카라콜

키르기스스탄에서 네 번째로 큰 도시이자
**이식쿨 지역의 행정 중심이다.**

중국 국경과 가까워 19세기 러시아의 군사 전초기지로 세워졌다. 이후 중국 내 전쟁을 피해 도망친 중국 무슬림 둔간족의 유입으로 인구가 급증했으며, 아직도 그들의 문화가 곳곳에 남아 있다. 1991년 구소련이 해체되기 전까지 이곳의 이름은 프르제발스크였다. 이는 이곳에서 사망한 19세기 러시아 탐험가 니콜라이 프르제발스키를 기리기 위해 지어진 이름이라고 한다. 둔간 모스크, 러시아 정교회, 빅 바자르 등 볼거리도 있지만, 카라콜은 무엇보다도 키르기스스탄 최고의 명소 중 하나인 알틴 아라샨으로 가려는 여행객들의 베이스캠프와도 같은 곳으로 더 잘 알려져 있다.

## Karakol IN & OUT
## 카라콜 드나들기

비슈케크에서 카라콜까지는 마르슈트카(미니버스)로 약 6시간 정도 소요되며 요금은 500솜이다. 보통은 이식쿨 호수의 휴양 도시 촐폰아타를 들렀다 오는 경우가 많다. 촐폰아타에서 카라콜까지 요금은 400솜. 카라콜에는 버스 터미널이 세 곳이 있는데 비슈케크, 촐폰아타에서 오는 경우 메인 터미널 격인 Avtovokzal에 도착한다. 반면 이식쿨 남쪽에 있는 보콘바예보(Bokonbayevo), 바르스쿤(Barskoon)에서 출발한 마르슈트카는 South Bus Station에 도착한다. Ak-Suu, Jeti Oguz 등을 가기 위해서는 빅 바자르(Big Bazaar)옆에 있는 Bazaar Bus Station으로 가야 한다.

Avtovokzal

Avtovokzal

South Bus Station

Bazaar Bus Station

# 둔간 모스크
## Dungan Mosque

- Abdrahmanov St. 140
- 무료

이곳은 첫눈에 보기에도 기존의 모스크와는 사뭇 다르다는 것을 알 수 있을 만큼 특이한 모스크이다. 마치 불교 사찰을 보는 듯한 구조이다. 중국 건축가에 의해 지어진 이 목조 건물은 못이나 철재를 사용하지 않았다고 한다. 둔간은 중국의 소수민족 중 하나로 무슬림이다. 이들은 19세기 말 중국의 탄압을 피해 이곳으로 넘어와서 정착했다고 한다. 지금도 이곳에서 예배를 드리며 그들만의 정체성과 문화를 이어가고 있다.

## 성 삼위일체 정교회
Holy Trinity Cathedral

- Gagarin St. 16
- 월~토 08:00 - 17:00
  일 06:30 - 15:00

카라콜 시내 중심부에 있는 성 삼위일체 정교회는 지붕에 금박을 입힌 돔이 특징인 러시아 동방정교회로 이곳에서 가장 아름다운 목조 건축물 중 하나이다. 19세기 말 지진으로 파괴된 교회 부지에 세워졌으며 잘 가꾸어진 정원과 생동감 넘치는 그림으로 장식된 내부도 볼만하다.

### 카라콜에서 꼭 먹어봐야 할 음식

## Ashlan fu (АШЛЯНФУ) | 아쉴란푸

토마토, 피망, 마늘을 섞은 식초 칠리소스의 국물에 다진 허브를 얹어 밀과 전분으로 만든 두 종류의 국수를 넣어 만든 차가운 음식이다. 밀 국수는 스파게티처럼 생겼고 전분 국수는 젤리 같은 식감을 갖고 있어 한 끼 식사보다는 간식으로 먹거나 주요리 전에 수프 대용으로 먹는다.

이 음식은 19세기 후반 이곳으로 건너온 중국 무슬림 소수민족인 둔간족의 음식으로 소련 시대를 거쳐 지금까지도 인기를 얻고 있어 이제는 카라콜의 전통 음식이 되었다. 이곳의 식당 메뉴에 빠지지 않는 음식이며, 시내 중심 Bugu Bazaar(Central market)에는 아쉴란푸만 판매하는 전문 식당들이 여러 군데 있다.

## 카라콜 이모저모

### GLOBUS
카라콜에서 가장 큰 슈퍼마켓

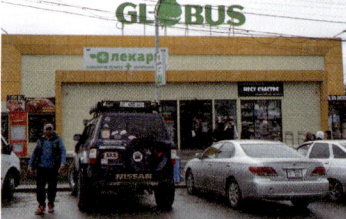

### Big Bazaar 빅 바자르
카라콜 시내에서 가장 큰 재래시장. 이곳에서 과일 쇼핑은 필수!

### Karakol Coffee
외국 여행객들의 핫 플레이스이자 카라콜 시내 No.1 커피 맛집.

### Dastorkon
음식값이 다른 곳에 비해 조금 비싸지만, 분위기 있는 식당에서 영어로 서비스를 받고 싶다면 추천하고픈 곳이다.

### Lighthouse

한식이 그리운 여행객에게 등대와 같은 곳. 기대 이상의 비빔밥을 맛볼 수 있는 곳이다.

### 🛏 Duet Hostel & Hotel

카라콜 최고의 호스텔 중 하나이다. 호텔도 같이 운영하고 있어 객실 선택의 폭이 넓다.
정원이 있는 카페, Bar가 있으며, 투어 데스크를 통해 다양한 정보를 얻을 수 있다.

### 🛏 Snow Leopard Hostel

가성비 좋은 호스텔로 러시아식 사우나가 있으며, 알틴 아라산 행 350번 버스가 바로 앞에 있어 하이킹족들에게 인기가 많은 곳이다.

### 🛏 Argo Guest House

한적한 주택가에 있는 이곳은 산장 같은 분위기에 조식이 포함된 가성비 최고인 게스트하우스이다.

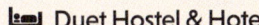

KARAKOL 카라콜

키르기스스탄의 가장 대표적인 명소이자 트레킹 코스로도 유명한 곳이다. 해발 2,500m에 있는 알틴 아라샨 계곡의 아름다운 경치는 키르기스스탄이 중앙아시아의 스위스라고 불리는 이유이기도 하다.

노천 온천

알틴 아라샨은 '황금 온천'이라는 뜻으로 실제로 다양한 크고 작은 노천 온천들을 만날 수 있다. 또한 이곳은 산과 빙하로 둘러싸여 있어 빼어난 경관을 자랑하는 알라쿨 호수로 가기 위한 베이스캠프와도 같은 곳이다. 알라쿨 호수는 해발 3,650m에 있으며, 방문하기 가장 좋은 시기는 7월부터 9월 초까지이다. 캠핑이나 트레킹이 목적이 아니라면 알틴 아라샨까지만 다녀와도 좋을 것이다. 알틴 아라샨은 6월~10월 사이에 방문하는 것이 가장 좋다. 이곳을 여행하는 방법으로는 현지 여행사를 통한 당일치기 트레킹 프로그램을 이용하거나 걸어서 또는 산악 차량을 이용 후 도착해서 1박 후 다시 카라콜로 오는 방법이 있다. 이곳에는 여행객들을 위한 숙소로 유목민 전통 가옥인 유르트와 게스트하우스들이 있다. 성수기에는 될 수 있으면 예약하고 가는 것이 좋다.

유르트

Elza 게스트 하우스

## 카라콜에서 알틴 아라샨 가는 방법

등산로 입구

### 01 카라콜 시내 350번 버스 이용하기

카라콜 시내(Bazaar Bus Station 또는 Snow Leopard Hostel 앞 버스 정류장)에서 350번 Ak-Suu(Ак-Суу)행 버스를 타고 알틴 아라샨 이정표 팻말이 있는 곳에서 하차. 요금은 35솜이며 버스를 탈 때 운전사에게 알틴 아라샨이라고 이야기하면 등산로 입구에 세워준다. 이곳부터 알틴 아라샨까지는 15km로 난이도는 마지막 1km를 제외하고는 비교적 쉬운 편이다. 중간중간 도로 사정이 좋지 않으니, 등산 스틱이 있으면 매우 유용하다. 소요 시간은 5~6시간으로 가능하면 일찍 출발하는 게 좋다. 인터넷이 안 되니 데이터 없이 사용할 수 있는 지도 앱 Maps me를 미리 다운받아 놓자. 물(1리터 이상)과 간식은 필수. 계곡에서의 피크닉은 또 다른 즐거움을 선사할 것이다.

Snow Leopard Hostel 앞 버스 정류장

### 02 오프로드 전용 산악 차량 이용하기

숙소 또는 현지 여행사를 통해 예약할 수 있는데 인원수에 따라 5인승 사륜구동 지프이거나 '푸르공'이라 부르는 7인용 산악전용 차량이다. 울퉁불퉁한 비포장도로를 여태껏 경험해 보지 못한 흔들림 속에서 1시간 이상을 타고 가는 것도 쉽지는 않다. 단체 여행객 중에는 심지어 중간에 내려서 걸어가겠다고 하는 경우도 있다. 차량 1대당 요금은 8,000솜~10,000솜으로 인원수에 따라 나누어 지급하는 방식이다. 만약 일행이 없는 나 홀로 여행이 된다면 8,000솜을 감수하거나 걷는 방법을 선택해야 한다.

## 알라쿨 호수 트레킹
### Ala Kul Lake Trekking

천혜의 자연경관을 자랑하는 키르기스스탄에서 가장 인기 있는 알라쿨 호수 트레킹은 누구나 갈 수 있는 곳이지만 또 아무나 갈 수 없는 곳이기도 하다. 알틴 아라샨까지는 초보자도 쉽게 트레킹을 즐길 수 있지만, 해발 3,500m에 있는 호수까지는 절대 쉽지 않은 코스이다. 가장 좋은 시기는 7월 초부터 9월 말이며 가는 길은 잘 표시되어 있어, 하이킹 시즌에는 다른 등산객을 따라갈 수 있어 혼자서도 충분히 가능하다.

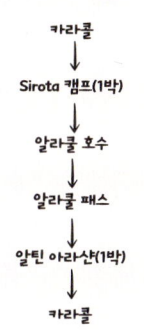

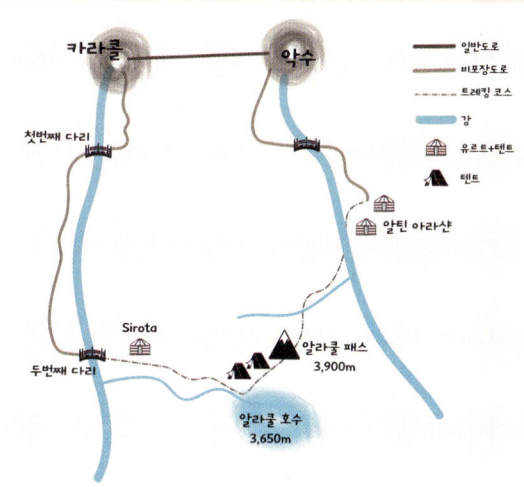

## 악수 온천
### Ak suu Hot Springs

현지인들에게도 인기가 많은 온천으로 알틴 아라샨에서 내려와 피로를 풀기에 안성맞춤인 곳이다. 카라콜에서 간다면 350번 버스를 타고 온천 앞에서 바로 하차할 수 있다. 만약 알틴 아라샨에서 내려오는 길에 간다면 등산로 입구 옆 차도를 따라 30분 정도 걸어 올라가거나 350번 버스를 기다렸다 타고 간다. 입장료는 300솜이며 옷장 키 보증금 200솜(나갈 때 반환해 줌)도 같이 지불해야 한다. 남녀 구분 라커룸과 샤워실이 마련되어 있다. 온천수의 온도가 다른 세 곳의 노천탕이 있으며 온천수 성분에 라돈이 포함되어 있다고 하여 20분 이상은 하지 않는 게 좋다고 안내문에 적혀 있으니 참고하자.

## 근교 1

# Jeti Oguz
### 제티 오구즈

제티 오구즈는 현지어로 '일곱 마리의 황소'를 뜻하며, 이곳에 있는 일곱 개의 커다란 붉은 절벽이 마치 7마리의 황소가 나란히 누워있는 모습을 하고 있어서 붙여진 이름이라고 한다. 이곳은 옛 소련 역사의 흥미로운 부분을 보여주는 Jeti Oguz Sanatorium이라는 유명한 요양소가 있는 곳으로도 잘 알려져 있다. 낡고 허름해 보이는 곳이지만 지금도 특별한 치료법을 경험해 볼 수 있다고 한다. 이 밖에도 Kok-Jayik 계곡과 폭포로의 하이킹 코스도 있어 시간의 여유가 있다면 하룻밤 묵어가도 좋은 곳이다. 그러면 가장 아름다운 일출, 일몰 시의 일곱 마리 황소 바위를 감상할 수 있다. 계곡 입구에 있는 Broken Heart Rock도 놓치지 말자. 마을과 일곱 마리 황소 바위의 멋진 모습을 보려면 길 반대편 언덕을 올라가야 한다. 차량으로도 가능하며 관광객들은 종종 말을 타고 올라가기도 한다.

### 카라콜에서 제티 오구즈까지 가는 방법

택시를 이용하거나 Bazaar Bus Station에서 355번 미니버스(ЖЕТИ ОГУЗ행-요금 45 솜)를 타고 종점인 제티 오구즈 마을에서 하차 후 택시(셰어)를 타고 가야 한다. 출발 시간대에 따라 최종 목적지가 일곱 마리 황소 바위가 있는 곳(차량에 목적지가 <Жети Оруз КУРОРТ>라고 쓰여 있다)인 경우도 있으니 미니버스 탑승 시 운전사에게 꼭 물어보자. 카라콜에서 택시를 탈 경우에도 반드시 목적지를 Jeti Oguz Kurort (Жети Оруз КУРОРТ)라고 요금을 흥정해야 한다(차 한 대당 약 1,500솜).

근교 2

# Skazka Canyon

스카즈카 협곡

이식쿨 호수 남쪽에 있는 이 협곡은 다양한 동물, 인물 및 특정 물체를 닮은 기발한 암석으로 유명하며 하이킹 및 사진 촬영에 완벽하고 독특한 분위기를 갖고 있다. 이 협곡의 영어식 명칭은 Fairytale canyon(동화 협곡)으로 Skazka는 러시아어로 동화를 뜻하는 단어인 Сказка(스카즈카)이다. 협곡 내 일부 바위에는 올라갈 수도 있으며 이곳에서 바라보는 이식쿨 호수와 협곡의 모습이 아름답다. 하지만 별다른 안전장치가 없고 바닥이 미끄러울 수 있으니 조심해야 한다. 또한 그늘이 없으므로 모자, 선크림은 필수이다. 아쉽게도 접근성이 좋지 않아 대중교통으로 가기에는 조금 무리가 있지만, 전용 차량이 있다면 인근에 있는 바스쿤 협곡 및 폭포를 함께 둘러보도록 하자. 만약 카라콜에서 대중교통을 이용한다면 South Bus Station에서 발릭치(Balykchy)행 또는 보콘바예바(Bokonbaevo)행 마르슈트카를 타고 스카즈카 이정표가 있는 곳에서 하차 후 2km 이상 걸어가야 한다. 또는 시간적 여유가 있다면 인근 이식쿨 호수 해안가 토소르(Tosor) 마을에 있는 유르트 캠프에서 숙박하고 다녀오는 방법이 있다.

토소르 유르트 캠프

50솜

### From 카라콜 South Bus Station

**To Balykchy (310번)** 07:50, 08:50, 09:50, 10:50, 12:50, 15:30
**To Bokonbaevo (315번)** 14:20, 15:10, 17:00

# Song-Kul Lake
## 송쿨 호수

송쿨 호수는 해발 3,016m에 있는 고산 호수이다.
전체 둘레가 29km, 가장 넓은 폭은 18km에 이를 정도로 바다와 같은 곳

호수 주변은 평평하고 비옥한 녹색 초원대로 오랫동안 유목민들의 방목 장소로 이용되고 있다. 아름다운 풍광뿐만 아니라 키르기스스탄의 전통 유목 문화를 경험할 수 있는 최적의 장소로 여행객들에 가장 인기가 많은 곳 중의 하나이다. 하지만 높은 고도로 인해 이곳은 6월~9월 초에만 방문할 수 있어서 여행 시기를 잘 맞춰야만 가능하다. 호수 주변으로는 여행객들을 위해 만들어 놓은 유르트 캠프만이 있으며, 인터넷은 물론 전기도 안 들어오는 속세와 멀어진 이곳에서의 하룻밤은 누군가에게는 모험이고 도전일 수도 있다. 하지만 송쿨 호수의 아름다운 일몰을 감상하고, 밤하늘 수놓은 별들을 보며 잠들어 말의 울음소리에 깨어나는 잊지 못할 특별함을 선사할 것이다.

하늘 아래 첫 호수라고도 불리는 이곳은 가는 길 또한 비현실적인 풍경을 보여 준다. 하지만 이곳을 개인적으로 여행하기에는 많은 불편함이 따른다. 가장 좋은 방법은 현지 여행사에서 운영하는 1박2일 투어 프로그램을 이용하는 것이다. 비용은 이용 여행사와 출발 인원수에 따라 다소 차이가 있을 수 있으며 최소 6,000솜~8,000솜 이상이다. 이 비용에는 차량과 동행 가이드, 유르트 캠프에서의 숙박과 1일

차 저녁 그리고 2일 차 아침, 점심이 포함되어 있으며, 자유시간 시 승마는 선택사항이다. 이외에도 일정 구간을 트레킹으로 또는 말을 타고 송쿨 호수까지 도착하는 프로그램도 있다. 한여름이라 하더라도 저녁에는 추울 수 있으니 경량 패딩 정도는 준비하는 게 좋다.

### 현지 투어 회사

- **KG.COUNTRY** https://kgcountry.com,
- **Ulush travel** https://ulushtravel.com
- **Ak-Sai travel** https://ak-sai.com

만약 투어 일정이 안 맞거나 다른 도시에서 출발하고자 한다면 송쿨 호수를 가기 위해 반드시 거쳐야만 하는 코치코르(Kochkor, КОЧКОР)까지 대중교통(마르슈트카)으로 이동 후, 이곳에서 1박을 하면서 투어를 알아보는 방법이 있다. 투어는 동행 인원수에 따라 달라진다(유르트 숙소 포함 4,500솜~6,500솜).

비슈케크에서는 서부 버스 터미널에서 코치코르행 버스를 타면 된다(요금 360솜 / 소요 시간 3시간). 카라콜에서는 메인 버스 터미널인 Avtovokzal 에서 코치코르행 버스를 타고 갈 수 있다(08:50 출발 / 요금 450 솜 / 소요시간 4시간 30분).

# UZBEKISTAN

## 우즈베키스탄

고대 실크로드의 중심지로 수 세기 동안 동서 문명의 교차로로 중앙아시아에서 중추적인 역할을 하며 오아시스 도시인 부하라, 히바, 사마르칸트와 같은 풍부한 문화유산을 남겼다. 또한 14세기에 번성했던 티무르 제국 시대의 건축과 문화유산은 우즈베키스탄의 영광스러운 과거를 엿볼 수 있는 중요한 요소이기도 하다.

BEST 1

*Khiva*

## 히바 이찬칼라

실크로드의 숨겨진 도시 히바의 이찬칼라는 우즈베키스탄에서 꼭 방문해야 할 첫 번째 도시로 손꼽는 곳이다. 이찬칼라에 들어서면 고대로의 시간여행을 온 듯한 착각을 일으킬 정도로 이국적인 분위기를 자아낸다.

## BEST 2

# *Registan*

### 사마르칸트 레기스탄

우즈베키스탄 제2의 도시 사마르칸트의 상징이자 우즈베키스탄을 대표하는 건축물이다. 티무르 시대를 대표하는 세 마드라사의 모습은 특히 야경이 아름답기로 유명하다.

**BEST 3**

# *Kalon Minaret & Kalan Mosque*

### 부하라 칼론 미나렛 & 칼란 모스크

과거의 모습을 그대로 간직하고 있는 실크로드의 역사 도시 부하라의 대표적인 건축물로 칼론 미나렛은 칭기즈칸의 침략에서도 파괴되지 않고 남아 있어 그 의미를 더한다.

국명 우즈베키스탄

# REPUBLIC of UZBEKISTAN

**TIME 시차**
4h

**CAPITAL CITY**
**Tashkent**
수도 타슈켄트

**AREA** 면적
448,978 km²

**RELIGIONS** 종교
88% 이슬람교
9% 동방정교회
3% 기타

**LANGUAGES** 언어
우즈벡어(공용어) 74%
러시아어 14.5%
타지크어 4.5%
기타 7%

**VOLTAGE** 전압
220V / 50Hz

**EXCHANGE RATES** 환율
100숨 = 약 11원
(2025년 4월 기준)

**VISA** 비자
30일 무비자

**POPULATION** 인구
약 3,637만명

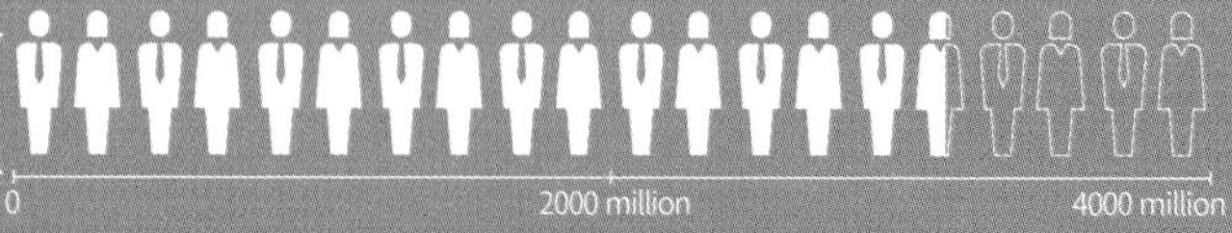

0 — 2000 million — 4000 million

186 | 중앙아시아 3국

## SEASON TO TRAVEL
여행 적기

# 5월 봄 ~10월 가을

우즈베키스탄의 여름은 기온이 매우 높으므로 피하는 게 좋다. 가장 좋은 시기는 봄과 가을이며 봄은 쾌적한 날씨와 푸른 초원에 만개한 꽃을 볼 수 있으며 가을은 시원하고 화창한 날씨로 풍성한 과일을 맛볼 수 있는 시기이기도 하다. 겨울은 지역에 따라 추울 수도 있지만 비수기에 해당하기 때문에 여유롭게 여행할 수 있는 장점도 있다.

## PUBLIC HOLIDAY
공휴일 (2024)

| | |
|---|---|
| 1월 1일 | 새해 |
| 1월 14일 | 조국 수호자의 날 |
| 3월 8일 | 세계 여성의 날 |
| 3월 21일 | 노우루즈 |
| 4월 10일 | Eid al-Fitr (*라마단이 끝나는 날) |
| 5월 9일 | 현충일 |
| 6월 17일 | Eid al-Adha |
| 9월 1일 | 독립기념일 |
| 10월 1일 | 스승의 날 |
| 12월 8일 | 제헌절 |

## CONTACT
전화 +7

주우즈베키스탄 대한민국 대사관
Afrosiab st. 7, Tashkent

연락처 +998-71-252-3151 ~ 3
사건사고 긴급전화 +998-90-029-6963
uskoremb@mofa.go.kr

※ 거주지 등록
우즈베키스탄에서는 입국 후 3일 이내에 거주지 등록을 해야 한다.
호텔에 투숙할 때 체크아웃 시 반드시 거주지 등록 서류를 챙기도록 하자.

## MONETARY UNIT
통화

숨 SO'M (단위 UZS)
키르기스스탄 '솜'과 같은 단어지만 '숨'으로 발음

2,000

5,000

10,000

20,000

50,000

100,000

200,000

 1000
 500
 200
 100

# HISTORY  우즈베키스탄 역사

우즈베키스탄은 구석기 시대부터 문명이 존재하였으며, 기원전 6세기에 페르시아, 기원전 4세기에 알렉산더 대왕이 지배하기도 했던 곳이다. 6세기경 돌궐족이 이 지역까지 진출하기도 했으며 751년 사라센 제국과 당나라 간 탈라스 전투에서 사라센군의 승리는 이곳이 이슬람화되는 결정적 계기가 되었다. 13세기 몽골의 침략 후 몽골의 지배를 받았으며, 14세기 들어 몽골 칸들의 세력이 약화한 틈을 이용 우즈베키스탄의 영웅으로 추앙받는 티무르가 중앙아시아와 이란, 이라크, 시리아, 터키, 코카서스, 인도 북부에 이르는 티무르 대제국을 건설하게 된다. 그의 손자인 울루그벡은 티무르 제국의 문화 황금기를 누리기도 했다. 16세기 초 샤이반 칸이 티무르 제국을 멸망시키고 샤이반 왕조가 들어섰다. 1507년 샤이반 왕조의 등장은 오늘날의 우즈베키스탄이 역사의 전면에 나타나는 계기가 되었다. 하지만 얼마 지나지 않아 러시아가 중앙아시아 진출을 본격화하면서 19세기에는 제정러시아에 병합된다. 이

당시 러시아의 식민지 정책으로 우즈베키스탄 농민의 몰락과 빈민화가 가속화되었다. 1917년 러시아 혁명을 틈타 잠시 투르키스탄 자치공화국이 수립되기도 했지만, 소련에 의해 1924년 우즈베키스탄공화국이 되었으며, 1991년 구소련으로부터 독립하였다.

## 우즈베키스탄 국기

파란색(상단), 흰색, 녹색의 3개의 동일한 수평 띠는 빨간색 선으로 구분되며 수직의 흰색 초승달(호이스트에 닫힌 쪽)과 12개의 흰색 5개 별이 상단 띠의 호이스트로 이동한다. 파란색은 투르크 민족과 하늘의 색이고, 흰색은 평화와 생각과 행동의 순수성을 향한 노력을 의미하며, 녹색은 자연과 이슬람의 색을 나타낸다. 빨간 줄무늬는 선하고 순수한 생각을 영원한 하늘과 땅의 행위와 연결하는 모든 생명체의 생명력이다. 초승달은 이슬람을 나타내고 12개의 별은 우즈베크 달력의 달과 별자리를 나타낸다.

# UNESCO 유네스코 세계문화유산

## ○ 부하라 역사지구 Historic Centre of Bukhara (1993년)

실크로드에 자리하고 있는 부하라는 2,000년 이상의 역사를 간직하고 있으며, 중앙아시아 중세 도시 가운데 도시 구조가 가장 완벽히 남아 있는 곳이다. 특히 흥미로운 기념물들에는 10세기 이슬람 건축의 걸작으로 유명한 이스마일 영묘와 수많은 17세기의 이슬람 마드라사가 있다. 부하라의 도시 배치와 건물들은 중앙아시아 넓은 지역의 도시 계획과 발전에 많은 영향을 끼쳤다.

부하라 역사지구
이스마일 영묘

## ○ 사마르칸트 문화 교차로
### Samarkand Crossroads of Cultures (2001년)

사마르칸트 역사 도시는 고대 문화의 교차로로 그 건축물과 경관은 이슬람의 문화적 창조성을 보여 주고 있다. 특히 비비하눔 모스크와 레기스탄 광장은 지중해부터 인도 대륙에 이르는 전지역의 이슬람 건축 발전에 중대한 역할을 했으며, 13세기부터 현재까지 중앙아시아의 문화와 정치, 역사에 가장 중요한 단계들을 뚜렷이 보여주고 있다.

비비하눔 사원
레기스탄 광장

## ○ 이찬칼라 Itchan Kala (1990년)

이찬칼라는 대상들이 사막을 건너 이란으로 가기 전에 마지막으로 휴식을 취하던 곳으로, 약 10m 높이의 성벽으로 둘러싸여 있는 옛 히바 오아시스의 중심지이다. 비록 아주 오래된 기념물들은 일부밖에 남아 있지 않지만, 중앙아시아의 뛰어난 이슬람 건축이 일관성 있게 잘 보존되어 있다.

이찬칼라

주마 모스크

*interview*

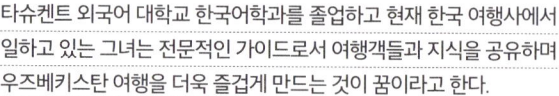

타슈켄트 외국어 대학교 한국어학과를 졸업하고 현재 한국 여행사에서 일하고 있는 그녀는 전문적인 가이드로서 여행객들과 지식을 공유하며 우즈베키스탄 여행을 더욱 즐겁게 만드는 것이 꿈이라고 한다.

### 한국어는 언제부터 관심을 두게 되었으며 어떻게 배우게 되었나요?
한국어에 관한 관심은 한류 드라마와 음악을 통해 가지게 되었어요. 그래서 처음에는 온라인 자료를 활용하여 한글 알파벳을 배웠어요. 그 후에는 타슈켄트 한국교육원에서 한국어 공부를 계속하면서 더욱 재미를 붙였어요.

### 한국 회사에서 일하면서 좋았던 점은?
한국 회사에서 일하면서 좋았던 점은 다양한 사람들과 함께 일할 기회가 있고, 이 분야에서 많은 것을 배우고 한국어 실력을 향상할 수 있다는 점입니다. 이는 미래에 경력 발전에 도움이 될 수 있다고 생각해요.

### 우즈베키스탄에 관해 소개해 주세요!
우즈베키스탄은 중앙아시아에 있는 아름다운 나라로, 풍부한 역사, 문화, 자연의 아름다움으로 가득 차 있습니다.

**사마르칸트**(Samarkand): 우즈베키스탄에서 가장 아름다운 도시 중 하나로, 역사적으로 중요한 역할을 한 도시입니다. 레기스탄 광장은 사마르칸트의 핵심으로, 아름다운 모스크와 마드라사로 둘러싸여 있습니다. 울루그벡 천문대와 비비하늠 모스크도 방문할 가치가 있어요.

**부하라**(Bukhara): 고대 도시인 부하라는 역사적인 건축물이 있는 곳으로 유명합니다. 이슬람 사원, 마드라사(이슬람 교육 기관), 미나렛(탑) 등이 독특한 도시 경관을 형성하고 있습니다. 부하라의 상징인 칼란 미나렛은 동부 이슬람에서 가장 높은 첨탑으로도 유명해요. 오늘날 미나렛은 도시의 상징이며 많은 전설과 관련되어 있습니다.

### 타슈켄트에서 추천하고 싶은 곳은?
**CHORSU**: 초르수 시장은 타슈켄트에서 가장 유명한 시장 중 하나입니다. 거기서 신선한 과일, 채소, 고기, 양념뿐만 아니라 우즈베키스탄 전통 과자와 같은 다양한 제품을 살 수 있고 여행객들한테 유명한 빵 만드는 과정을 볼 수 있습니다.

**BESHQOZON**: 베슈코존은 중앙아시아에서 가장 대중적인 요리인 플로브를 먹을 수 있는 곳입니다. 이곳에서는 동양 분위기를 느낄 수 있으며, 크고 아늑한 분위기의 플로브집으로 관광객뿐만 아니라 현지 주민들 사이에서도 유명합니다.

### 우즈베키스탄 사람들이 생각하는 한국은 어떤 나라인가요?
한국을 생각할 때 우즈베키스탄 사람들은 K-pop, K-drama와 같은 한류 문화, 맛있고 다양한 음식, 높은 기술력과 현대적인 도시들을 떠올릴 것입니다. 한국은 우즈베키스탄에 친근하고 매력적인 나라로 인식되고 있습니다.

### 우즈베키스탄을 방문하는 한국 여행객들에서 당부하고 싶은 게 있다면?
우즈베키스탄을 방문하실 때에는 봄과 가을이 가장 적합한 시기입니다. 이 기간에는 평균 기온이 10~25도로 날씨가 따뜻하지만, 너무 덥거나 춥지 않아서 여행하기에 좋습니다. 또한, 우즈베키스탄의 역사적인 명소를 방문하실 때에는 옷차림에 주의하셔야 합니다. 어깨와 무릎을 가릴 수 있는 옷을 입으시는 것이 좋습니다.

### 실크로드의 심장
비스포크 우즈베키스탄
by BSPOKE TRAVEL
여행 문의하기

### 천혜의 대자연
비스포크 키르기스스탄
by BSPOKE TRAVEL
여행문의하기

### 감성 도시와 대자연
비스포크 카자흐스탄
by BSPOKE TRAVEL
여행문의하기

## 중앙아시아 맞춤여행 전문
# BESPOKE TRAVEL
단독맞춤여행 / 자유여행 / 단체패키지 / 출장 / 연수

바람이 전하는 오래된 노래를 따라
별빛이 안내하는 역사의 길 위에서
부디 가장 빛나는 당신의 순간들을
중앙아시아 여행에서 만나 보세요.

카카오톡 검색 **'비스포크 트래블'**   bespoketravel.co.kr   070-8058-8699

# Tashkent
## 타슈켄트

**중앙아시아에서 가장 많은 인구가 있는 우즈베키스탄의 수도**

구소련 시절에는 중앙아시아의 중심지로 소련의 5대 도시 중 하나였다. 실크로드의 역사 도시인 사마르칸트나 부하라에 비해 작은 상업 도시에 불과했지만 19세기 이후 러시아의 보호령이 되면서 발전하기 시작했다. 1966년 대지진을 겪는 아픔이 있었지만, 이후 도시를 재건하면서 현대화된 계획도시로 탈바꿈하여 과거와 현대가 조화를 이루고 있는 다채로운 매력적인 도시이다. 타슈켄트는 튀르크어로 '돌의 도시'라는 뜻이라고 한다.

# Tashkent IN & OUT

## 타슈켄트 드나들기

오래전부터 교통의 중심지였던 타슈켄트는 인접 국가인 키르기스스탄과 카자흐스탄 그리고 타지키스탄 국경과도 가까워 육로 이동이 발달하여 국경을 걸어서 통과하는 경험을 할 수 있다. 항공은 물론 카자흐스탄의 알마티에서는 기차로도 이동할 수 있다.

### 01 항공

현재 인천공항에서 타슈켄트로 가는 직항편으로 우리나라의 아시아나 항공이 주 4회 그리고 우즈베키스탄 항공이 주 7회 운항을 하고 있어 접근성이 좋은 편이다. 카자흐스탄의 에어아스타나 항공을 이용할 때 알마티를 경유하는데 이곳에서 스톱오버 프로그램을 이용하면 두 곳을 모두 여행할 수도 있으니 여행 계획 시 참고하자.

### ✈ 타슈켄트 국제 공항 Tashkent International Airport

우즈베키스탄의 관문 타슈켄트 국제공항의 정식 명칭은 독립 후 초대 대통령이었던 Islam Karimov의 이름을 딴 Islam Karimov Tashkent International Airport이다. 시내 중심까지 택시로 20분 정도밖에 안 걸릴 정도로 가까운 곳에 있어 출발·도착 시간에 구애받지 않고 편리하게 이동할 수 있다. 다른 국가의 공항과 달리 출발과 도착하는 건물이 따로 분리되어 있으며, 입국장의 경우 다른 편의 시설이 없고 수화물을 찾는 곳에 환전소와 유심카드 판매소가 같이 있다. 출국장의 경우 항공 편수가 많지 않아 비교적 한산한 편이며 출국장 내 면세점도 현대적인 시설로 잘 갖춰져 있다.

tip 국내선의 경우 이곳이 아닌 터미널3을 이용해야 한다.

우즈벡 항공 (HY)
주 7회 (매일)

ASIANA AIRLINES
아시아나 항공 (OZ)
주 4회 (월, 수, 금, 토)

## 공항에서 환전 및 유심 구입하기

타슈켄트 공항은 다른 공항과 달리 수화물 찾는 곳에 환전소와 유심 판매소가 있다.

**환전** 공항 환전소의 환율이 보통은 시내보다 좋지 않지만, 타슈켄트의 경우 사설 환전소는 매우 드문 편이며 이곳에서 환전하지 않으면 시내 은행을 찾아가야 한다(시내 일부 대형 슈퍼마켓 내에 무인 지폐 환전 기계가 있다). 조금이라도 이곳에서 환전하고 나가도록 하자.

환전

유심

**유심** 입국장 수화물 찾는 곳 바로 옆에 있어 찾기 쉽다. 대표적인 통신사는 Ucell과 Beeline으로 큰 차이는 없다. 20GB 기준 7,000원 내외로 비교적 저렴한 편이다. 시간이 오래 걸릴 수 있으니, 일행이 있다면 수화물 찾는 동안 미리 가서 사도록 하자. Tourist Service Center라고 쓰인 곳에서도 살 수 있지만 5G라는 이유로 비싸게 판매되고 있다.

## 공항에서 시내가기

### 1. 택시

환전소와 마찬가지로 입국장 수화물 찾는 곳에 Airport Taxi 부스가 있다. 얼핏 보기에 저렴해 보일 수도 있지만 이곳 물가를 고려하면 매우 비싼 편이니 가급적 Yandex Taxi 앱을 이용하자. 공항이 시내와 가까워 3,000원~4,000원 내외로 이동이 가능하다. 픽업 위치를 공항으로 지정해 놓으면 찾기가 어려울 수 있으니 입국장을 나와 Waiting Area 라고 쓰여 있는 하얀색 건물 오른편 주차장을 통과 후 도로변에서 Yandex Taxi를 호출하자.

### 2. 버스

타슈켄트 공항은 시내와 가까워 별도의 공항버스가 운행을 하지 않고 일반 시내버스가 시내 구석구석까지 연결되어 있으니 짐이 많지 않다면 버스 이용도 가능하다. 버스 노선도는 구글 지도가 아닌 Yandex map을 이용하면 상세히 볼 수 있다(66쪽 참조). 버스 요금은 현지 화폐 2,000숨으로 앞으로 탑승하면서 운전사에게 지급하는 방식이다. 버스 정류장은 입국장을 나와 Waiting Area 라고 쓰여 있는 하얀색 건물 왼편으로 가면 쉽게 찾을 수 있다.

---

| 중앙아시아 전문 여행사 |

㈜ 아비아투어

**본사**
- 서울시 종로구 사직로 8길 34, 1503호
- 02-6925-6921
- www.aviatour.co.kr

**지사**
우즈베키스탄 현지 법인 FREE TOUR
- Afrosiab Street 12b, Tashkent (아시아나항공 3층)
- +998-94-762-4989

## 02 버스

타슈켄트는 인접 국가인 카자흐스탄, 키르기스스탄과 국경이 가까워 버스 이동이 잦은 편이다. 타슈켄트에서 바로 갈 수도 있지만 카자흐스탄의 심켄트까지 이동 후 이곳에서 알마티로 또는 키르기스스탄의 비슈케크로 이동하는 방법도 있다.

### 버스터미널 AVTOVOKZAL

아직은 온라인으로 구매가 불가해서 버스표를 직접 터미널에 가서 사야 한다. 타슈켄트 남서쪽에 있는 버스터미널은 지하철을 이용해서도 쉽게 갈 수 있다. 지하철 Chilanzar Line(빨간색 라인) Olmazor에 하차해서 연결된 지하보도로 이동하면 쉽게 찾을 수 있다. 이곳은 국제선 버스는 물론 우즈베키스탄 주요 도시로의 버스가 출발하는 곳으로 목적지별로 매표 창구가 다르니 확인 후 매표소로 가도록 하자. 표 구매 시 반드시 여권을 지참해야 한다.

### 타슈켄트-심켄트 이동하기

심켄트는 카자흐스탄 제3의 도시로 우즈베키스탄 국경과 인접해 있어 왕래가 많은 곳이다. 타슈켄트 버스터미널에서 하루에 2~3회 버스가 있지만 계절에 따라 운행을 안 하는 때도 있다. 버스를 타게 되면 국경을 통과하는 데 많은 시간이 소요되기 때문에 대부분은 타슈켄트에서 국경까지 택시를 이용 후 국경을 넘어 그곳에서 합승택시를 타고 심켄트까지 가는 게 일반적이다.

**① 타슈켄트에서 택시를 타고 국경까지 이동하기**
Yandex Taxi 호출 시 목적지를 JML Plaza로 하면 바로 국경 앞까지 간다.

소요 시간 약 50분 / 택시 요금 1만 원 미만
(지하철역 Shahriston 앞에서 국경까지 가는 169번 시내버스도 있다. 운행 시간 06:00~21:30)

JML Plaza / 국경 앞 169번 버스 종점

**② 걸어서 국경 출입국 심사 통과하기**
한국 여권 소지자면 특별한 문제 없이 통과할 수 있다. 출입국 심사를 마치는 데까지는 약 30분~40분 소요된다.

걸어서 국경 통과하기

**③ 국경에서 심켄트까지 이동하기**
카자흐스탄 쪽으로 나오면 수많은 환전소와 택시 호객꾼이 기다리고 있으니 먼저 약간의 환전을 하자. 심켄트까지는 1인당 2,000텡게이며 심켄트 시내 호텔 또는 목적지에 내려주는 조건으로 3,000텡게면 충분하다. 하지만 차량에 탑승 인원이 다 탈 때까지 기다려야 함은 감수해야 한다. 이때 미리 화장실을 다녀오도록 하자. 출발한 차량은 중간 정차 없이 약 2시간 후 심켄트 시내에 도착한다.

합승택시 타는 곳

환전소

## 03 기차

기차를 이용해 타슈켄트로 들어오는 방법은 인접 국가 중 카자흐스탄 알마티에서 출발하는 것인데 운행 횟수도 많지 않아 이용 빈도가 높은 편은 아니다. 타슈켄트에는 북역과 남역 두 개의 기차역이 있으며 알마티에서 오는 기차는 북역에 도착한다. 여행객들이 주로 이용하는 기차역은 남역으로 사마르칸트, 부하라, 히바 등 주요 도시로 가기 위해서는 남역으로 가야 한다. 기차표는 현지에 가지 않고도 인터넷으로 살 수 있다. 출발일이 가까워지면 매진되는 경우가 많으니 될 수 있는 대로 빨리 예약하는 것이 좋다. 특히 성수기에 사마르칸트로 가는 고속열차 Afrosiyob은 표를 구하기가 무척 어렵다.

### 우즈베키스탄 기차표

우즈베키스탄 주요 도시 간 및 알마티로 가는 국제 열차 기차표 구매는 인터넷은 물론 앱으로도 가능하다. 회원가입이 필수이며 유효한 여권을 소지하고 있어야 한다. 실제 탑승일로부터 2달 이내에만 조회 및 예약이 가능하다.

❶ 홈페이지 접속 **https://eticket.railway.uz/en/home**  앱 : Uzrailway tickets
❷ 회원 가입 후 로그인 하기  ❸ 구간 및 날짜 선택
❹ 원하는 시간대 확인하고 Choose train 클릭 후 하단 Continue 클릭
❺ 예약할 수 있는 좌석 선택
  좌석 종류 : Sitting 일반 좌석 / Coupe 4인실 침대칸 (아래 칸은 홀수) / SV 2인실 침대칸
❻ 승격 인적 사항 입력 Document type (Foreign document 선택)
  Document number and series (여권번호 입력), Issuing country (Korea 선택)
  하단 Travel Insurance는 선택사항임
❼ 예약 사항 확인 후 하단 Confirm 클릭  ❽ 결제창이 나오면 visa, master 표시 클릭 후 카드 정보 입력
❾ 결제가 완료되면 본인의 이메일로 e-ticket이 전달 됨
  (앱에서도 로그인하면 본인이 결제한 티켓을 확인할 수 있다.)

> **tip** 기차역 이름과 도시명이 구글 지도에서 보이는 것과 기차표에 표시되는 이름이 달라 당황할 수도 있으니, 아래의 명칭을 잘 익혀두도록 하자.
>
> **구글 지도**
> 남역 Tashkent yuzhniy
> 북역 Stantsiya Tashkent Pass Tsentr.
>
> **e-tickte**
> 남역 TOSHKENT JANUBIY
>    (ТАШКЕНТ ЮЖНЫЙ)
> 북역 TOSHKENT SHIMOLIY
>    (ТАШКЕНТ СЕВЕРНЫЙ)
>
> 도시명은 영어버전 검색시와 e-ticket에 표시되는 것이 다르다.

|  | 사마르칸트 | 부하라 | 히바 |
|---|---|---|---|
| 영어 | SAMARKAND | BUKHARA | KHIVA |
| 현지어 | SAMARQAND | BUXORO | XIVA |
| 러시아어 | САМАРКАНД | БУХАРА | ХИВА |

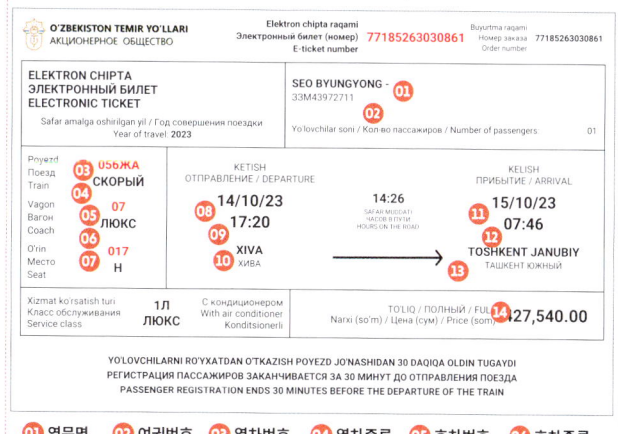

❶ 영문명  ❷ 여권번호  ❸ 열차번호  ❹ 열차종류  ❺ 호차번호  ❻ 호차종류
❼ 좌석번호  ❽ 출발일 (일/월/년)  ❾ 출발시간  ❿ 출발도시
⓫ 도착일 (일/월/년)  ⓬ 도착시간  ⓭ 도착도시  ⓮ 금액

## 시내 교통

타슈켄트 시내 주요 명소들을 보기 위해서 도보 여행은 좀 무리가 있다. 버스와 지하철 그리고 택시를 적절히 이용하면 보다 효율적인 여행을 할 수 있다.

### 🚌 버스

타슈켄트의 시내버스는 거미줄처럼 구석구석을 연결하고 있어 현지인들이 가장 많이 이용하는 교통수단이다. 현지 언어를 모르는 처지에서 버스를 이용하기란 쉽지는 않다. 더구나 택시 비용이 워낙 저렴해서 어쩌면 버스를 탈 기회가 없을 수도 있다. 버스 비용은 2,000숨이며 앞문으로 탑승하면서 운전사에게 지불하는 방식이다. 대부분 오래된 중고차들이지만 최근에 신형 버스들이 빠르게 증가하고 있으니 짧은 구간이라도 한 번쯤 이용해 보도록 하자.

### 🚕 택시

타슈켄트는 택시 비용이 무척 저렴해서 자주 이용하게 된다. 중앙아시아의 다른 국가와 마찬가지로 택시는 반드시 Yandex Taxi 애플리케이션을 이용하자. 정차해 있는 택시 기사와는 흥정하지 않는 것이 좋다. Taxi라고 쓰여 있는 차량은 거의 볼 수 없으며 대부분 자가용 영업이라 생각하면 된다. 너무 큰 금액의 지폐면 거스름돈이 없다고 하는 때도 있으니 가급적 미리 소액권으로 준비해 두는 것이 좋다. 시내에서의 택시 이용 요금은 대략 20,000숨 ~ 30,000숨 정도이다.

### 🚇 지하철

지하철역 입구

ALISHER NAVOIY 역

타슈켄트의 지하철은 구소련 당시인 1977년에 처음 개통되었으며 현재 4개의 노선이 운행 중이다. 몇몇 지하철역은 러시아의 지하철역처럼 화려한 장식들로 꾸며져 있어 관광객들이 일부러 찾는 곳도 있다. 불과 얼마 전까지만 해도 지하철 내에서 사진 촬영이 불법이어서 사진기를 압수당하거나 벌금을 냈다고 하나 지금은 자유롭게 촬영할 수 있다. 가방이 있는 경우 입구에서부터 보안 검색을 하고 탑승장에는 항상 경찰이 있어 치안은 좋은 편이다. 지하철 요금은 구간에 상관없이 2,000숨이며 매표소에서 감열지에 인쇄된 QR코드가 있는 종이 티켓을 구매 후 개찰구에 있는 QR코드 인식기에 스캔 후 들어가면 된다. 지하철역 출입구가 다름으로 나올 때는 그냥 통과하면 된다. 특이한 점은 갈아타는 곳의 지하철역 이름이 노선별로 다르니 환승을 해야 한다면 미리 염두에 두자. 조금은 어둡고 화려하지 않지만, 멋스러운 소련 시대의 분위기와 현지인들의 생활상을 조금이나마 경험할 수 있는 좋은 장소이기도 하다.

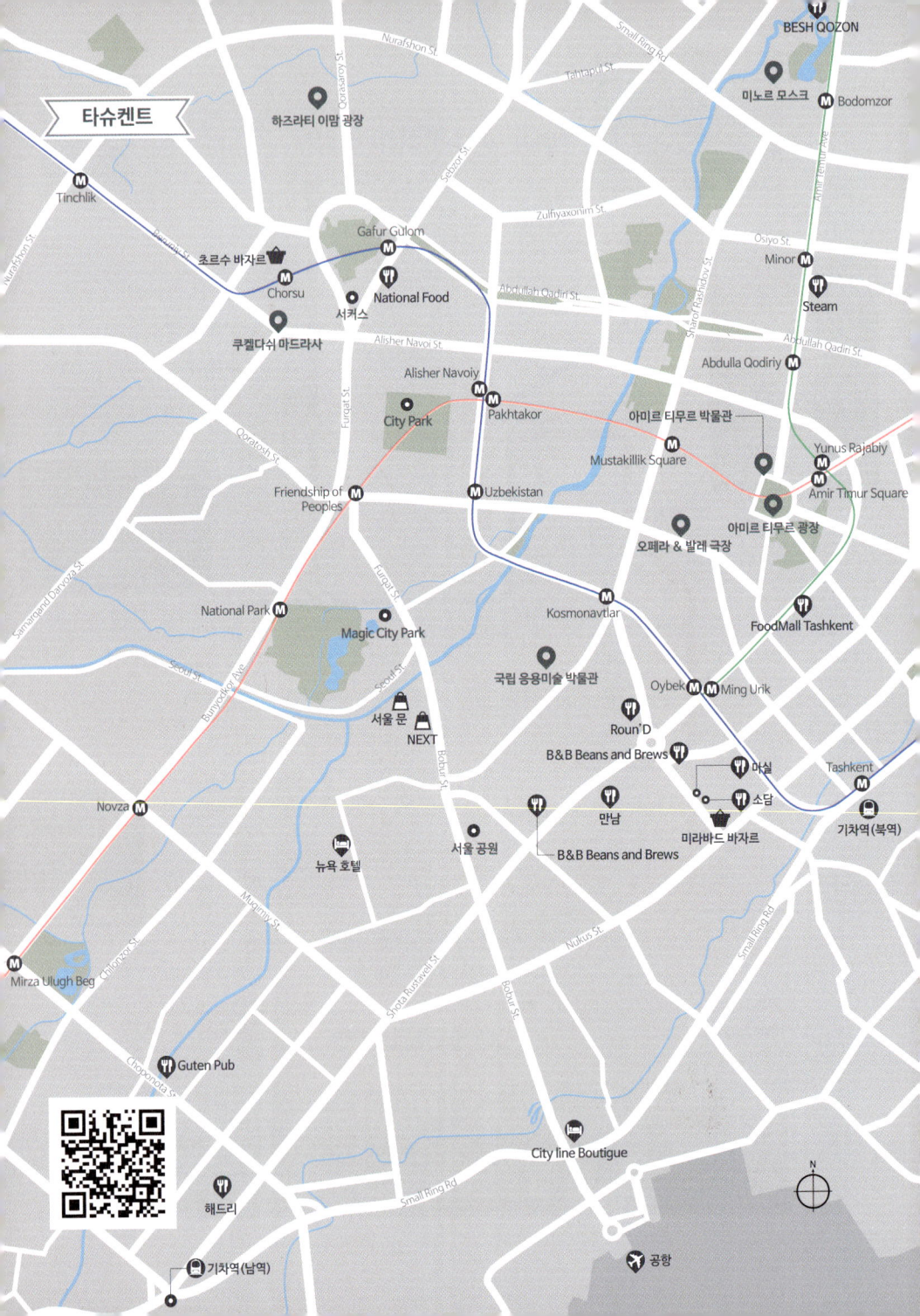

# Tashkent Attractions

추천일정

❶ 하즈라티 이맘 광장

❷ 쿠켈다쉬 마드라사

❸ 초르수 바자르

❻ 아미르 티무르 광장 및 박물관

❺ 미노르 모스크

❹ BESHQOZON에서 점심 Plov

❼ 지하철 투어

❽ Magic City Park 야경 및 분수쇼

# 하즈라티 이맘 광장
## The complex of Khazrati Imam

📍 Sobira Abdulla st. 17

⭐ **이맘** : 아랍어로 '지도자', '이끄는 자', '모범이 되는 자'라는 뜻으로 이슬람교의 성직자라고도 할 수 있다. 하지만 엄밀히 말하면 성직자를 두지 않는 이슬람교 교리상 종교적으로 권위가 있고 존중받는 지도자를 일컫는 말이다.

하즈라티 이맘 모스크

코란

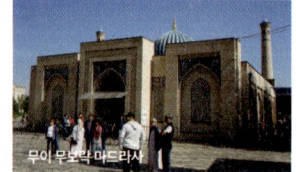
무이 무보락 마드라사

타슈켄트 시내 북쪽 구시가지에 있는 이 종교 단지는 하즈라티 이맘 광장을 중심으로 하즈라티 이맘 모스크(Khazrati Imam Mosque), 그의 영묘 그리고 바라크한 마드라사(Bark Khan Madrasah)와 박물관으로 사용되고 있는 무이 무보락 마드라사(Muyi Muborak Madrasah) 등의 종교적 건축물들이 모여 있는 곳이다. 1966년 타슈켄트 대지진에서도 살아남았다고 한다. 광장 중앙 한쪽에 있는 무이 무보락 마드라사는 현재 박물관과 도서관으로 사용되고 있으며 이곳에는 이슬람 성전인 꾸란(코란)의 희귀본뿐만 아니라 각종 언어로 번역된 코란 및 수천 권의 책과 사본이 보관되어 있어 이를 보려는 많은 현지인과 관광객으로 항상 붐비는 곳이다. 이 희귀본은 세계에서 가장 오래된 사본(644~648) 중 하나로 알려져 있다. 다른 곳은 모두 무료이지만 이 박물관은 입장료가 있다. 외국인은 40,000숨이다.

바라크한 마드라사

# 초르수 바자르
Chorsu Bazaar

타슈켄트 구시가지 중심에 있는 전통 시장이다. 초르수는 '교차로'라는 뜻으로 예로부터 상인들이 모여 자연스럽게 시장이 형성되었다. 한국인에게는 발음이 비슷해 '철수 바자르'로 불리기도 한다. 초르수 바자르를 대표하는 파란색 돔 형태의 건물 외관은 낡고 오래되어 보이나 내부는 생각보다 잘 정돈된 느낌으로 주로 고기와 반찬류, 치즈 등을 판매하며 2층에는 말린 과일 및 견과류 등을 판매한다. 하지만 이곳이 전부가 아니다. 건물 주변으로 넓게 펴져 있는 야외 시장에는 기념품 상점을 비롯해 과일, 채소, 향신료, 공산품 등 우리네 남대문 시장을 연상케 한다. 특히 옆 건물에는 우즈베키스탄을 소개하는 영상에 항상 등장하는 우즈베키스탄의 주식인 전통 빵 NON을 만들어 파는 공장이 있으니 꼭 들러보자. 시장 내에 지하철역 Chorsu역이 있어 접근성도 좋은 편이다. 심하게 호객 하지 않지만, 여느 시장처럼 그들만의 정이 넘쳐나는 곳이니 웃음으로 화답해 주자. 한국에서 왔다고 하면 더욱더 큰 환대를 해준다.

**tip** 초르수 바자르는 구경 삼아 가기는 좋지만, 너무 복잡하다. 만약 과일 등을 구입하고 싶다면 여유 있게 둘러볼 수 있는 미라바드 바자르(Mirabad Bazaar)를 추천한다. 이곳은 마실, 소담 등 한국 식당을 비롯해 다양한 레스토랑과 카페들이 많이 있는 Mirabad Street에 있다.

NON 공장

## 쿠켈다쉬 마드라사
**Kukeldash Madrasah**

- Shaikhontohur district Navoi st. 46
- 08:00 ~18:00
- 10,000숨

16세기에 지어진 중세 마드라사로 현재도 학생들이 수학하는 교육 기관이다. 19세기 지진으로 큰 피해를 본 후 1950년대에 재건축된 곳으로 1966년 타슈켄트 지진 당시에도 건재했던 몇 안 되는 종교 건축물로도 유명하다. 특히 내부 정원의 모습이 아름다워 관광객이 많이 찾는 곳이다. 정원을 둘러싸고 있는 2층 건물은 교실과 학생들의 생활 공간 그리고 기숙사를 갖추고 있으며 꽤 수준 높은 수공예품을 만들어 판매하는 상점이 하나 있다. 20m 높이의 정문 입구는 흰색, 파란색, 황토색 등 전통적 색상의 마졸리카로 장식되어 있으며, 마드라사의 창문은 알라와 예언자 무함마드의 이름이 새겨진 격자 막대로 장식되어 있다. 18세기에는 여행하는 상인들이 머무르는 캐러밴사라이로 운영이 되기도 했다고 한다. 그 이후 소련 통치하에서는 박물관으로 사용하다가 1990년대에 다시 마드라사로 바뀌었다. 초르수 바자르를 방문했다면 도보로 이동 가능하니 한 번쯤 방문해도 좋을 곳이다.

## 미노르 모스크
**Minor Mosque**

- Hurshid street 41, Tashkent

흰색 대리석 외벽과 파란색 돔이 인상적인 이 모스크는 2014년에 완성된 곳으로 타슈켄트의 새로운 명소 중의 하나이다. 모스크 앞에는 아름답게 꾸며진 정원이 있어 주민들의 산책 장소로도 인기가 많다. 2,400명 정도를 수용할 수 있다는 이 모스크의 내부에는 금으로 장식된 미흐라브(무슬림이 기도할 때 바라보는 메카의 방향을 나타내는 벽 장식)와 크고 둥근 홀이 있다. 이 모스크는 우즈베키스탄이 여전히 전통적인 이슬람 건축물을 계승 발전시키고 있음을 나타내는 증거이기도 하다. 지하철역 Bodomzor 에서 도보 13분 거리에 있다.

## 아미르 티무르 광장
**Amir Temur Square**

- Shaikhontohur district Navoi st. 46
- 08:00~18:00
- 10,000숨

아미르 티무르 박물관

티무르 동상

잘 조성된 공원 광장 중앙에 우즈베키스탄의 영웅 아미르 티무르의 멋진 기마상이 있는 역사적인 장소이기도 하다. 19세기 말 제정러시아 때 조성된 공원으로 1917년 러시아 혁명 이후에는 혁명 광장으로 불리기도 했다. 또한 지금의 아미르 티무르 동상이 있던 자리에는 스탈린, 카를 마르크스의 동상이 있던 곳이기도 하다. 구소련으로부터 독립한 이후인 1994년에 아미르 티무르 광장으로 이름이 바뀌면서 그 자리에 티무르의 동상이 세워졌다. 동상 뒤로 보이는 왼쪽 건물은 구소련 시대 지어진 우즈베키스탄 호텔로 객실은 많이 낡았지만, 접근성과 가성비가 좋아 큰 호텔을 선호하는 여행객들이 자주 찾는 곳이다. 오른쪽으로 보이는 건물은 콘서트홀로 아름다운 궁전을 연상케 한다. 광장 옆으로는 티무르 시대의 다양한 전시물을 볼 수 있는 돔 형식의 아미르 티무르 박물관이 있으니 함께 둘러보도록 하자. 지하철 초록색 선(YUNUS RAJABIY역)과 빨간색 선(AMIR TEMUR XIYOBONI역)이 만나는 곳에 있어 이곳을 여행의 시작점으로 해도 좋을 것이다.

아미르 티무르 광장

## 우즈베키스탄 국립 응용미술 박물관
**Uzbekistan State Museum of Applied Art**

- 15. str. Rakatboshi, Tashkent
- 09:00~18:00
- 25,000숨

1927년 우즈베키스탄 거장들의 작품 전시회가 열렸던 곳으로 1937년 수공예 박물관이 되었으며 1997년 국가가 인정한 응용미술 박물관이 되었다. 단층으로 되어 있는 그리 크지 않은 공간이지만 직물, 도자기, 보석, 금속 공예품, 악기 등 우즈베키스탄의 다양한 응용 예술 작품들을 한눈에 볼 수 있는 곳이다. 평화로운 분위기의 안뜰에서 바라보는 박물관의 모습도 아름다워 휴식하기에도 좋은 곳이다. 박물관 홈페이지에는 방마다 전시되어 있는 작품들의 사진과 설명이 되어 있다. 우주인들의 벽화로 장식된 지하철역 Kosmonavtlar에서 도보로 12분 정도 소요된다.

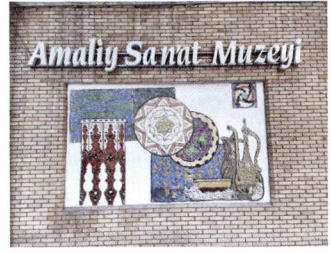

## 타슈켄트 낮보다 밤이 더 아름다운 곳

### Magic City Park

2021년 개장한 이곳은 타슈켄트에서 흥미로운 장소 중 하나로 남녀노소 모두가 즐길 수 있는 동화 같은 테마파크 공원이다. 중앙아시아 최대의 수족관을 비롯해 세계 주요 도시의 건축 양식으로 디자인된 거리와 놀이공원, 영화관을 비롯해 다양한 상점과 레스토랑이 있다. 특히 저녁에 공연되는 음악 분수 쇼를 보기 위해 많은 시민과 관광객들이 찾는 곳이다. 입장료는 없다.

### Seoul Mun

타슈켄트에 새롭게 건설되고 있는 '서울 문' 쇼핑몰은 아직 완료되지 않았음에도 불구하고 벌써부터 핫플레이스로 유명세를 얻고 있는 곳이다. 한국과 우즈베키스탄 양국 간의 우호의 표시로 진행된 이 프로젝트에는 한국, 영국, 미국, 터키 등 세계 7개국의 전문가들이 참여하고 있으며 2019~2020 우즈베키스탄 최우수 레저 건축 부문 국제 아시아 태평양 부동산 상을 받기도 했다. '서울의 문'을 의미하는 이 쇼핑몰은 세심하게 계획된 3층 상업 구역으로 야외 테라스와 카페, 레스토랑과 함께 다양한 Shop들이 들어설 예정이며 3km에 이르는 산책로에서 펼쳐지는 야간 분수 쇼는 타슈켄트의 아름다운 밤을 선사한다. 인근 지하철역에서는 좀 떨어져 있어 택시를 타고 가는 게 좋다.

# 🍴 Café & Restaurant

## BESH QOZON

'5개의 솥'이라는 뜻을 가진 '베쉬 카잔'은 우즈베키스탄은 물론 중앙아시아인들이 가장 즐겨 먹는 음식인 필라프 전문 레스토랑이다. 현지어로는 오쉬, 러시아어로는 쁠롭이라고 하며 일종의 전통 볶음밥이다. 기름밥에 가까울 만큼 기름져서 처음에는 적응하기 힘들 수도 있지만 한번 맛을 보면 자주 찾게 된다. 만들어지는 과정을 직접 볼 수 있는 것도 이 레스토랑을 방문하는 이유 중 하나이다. 실내외로 엄청난 규모의 테이블이 있지만 식사 시간대에는 빈자리가 없을 정도이다. 우선 빈자리를 찾아 앉아 주문을 해보자. 보통은 필라프에 에피타이저격인 Achchik-chuchuk 샐러드와 리뾰쉬까라고도 하는 전통 빵 NON 그리고 음료수를 주문한다. 계산은 다른 식당과 달리 식사를 마친 후 종업원이 적어 놓고 간 주문서를 계산대로 갖고 가서 해야 한다. 타슈켄트 내에 두 곳이 있는데 TV Tower 인근에 있는 곳이 더 인기가 많다. 식사 후 타슈켄트 시내를 한눈에 내려다볼 수 있는 TV Tower에 올라가 보는 일정으로 잡아도 좋을 것이다. 다른 요리와 달리 필라프만큼은 남자들이 요리하는 전통이 있다. 영양 많고 열량이 높은 이 음식은 알렉산더 대왕이 전쟁 시 병사들에게 전장에서 만들어 먹이기 시작하면서 이 지역의 대표 음식이 되었다고 한다.

### Steam

다양한 요리와 함께 유럽식 분위기를 느낄 수 있는 곳으로 특색있는 소품과 실내장식뿐만 아니라 저녁 시간에 펼쳐지는 라이브공연 때문에 젊은이들과 외국 여행객들이 많이 찾는다.

📍 Niyozbek Yoli st. 2
🕐 12:00 ~ 01:00

### Roun'D

한국식 Dessert Café로 현지인들의 입맛을 사로잡은 맛집이다. 시그니처 메뉴는 한국 딸기를 사용한 Strawberry cake이며, 젊은 한국인 여성 사장님이 모든 디저트 메뉴를 직접 만든다고 한다.

📍 Mirobod ko'chasi 12
🕐 10:00 ~ 22:00 (월요일 휴무)

### FoodMall Tashkent

한국 음식 코너(Korean Street Food)를 비롯해 전 세계 16가지 다양한 요리를 한자리에서 맛볼 수 있는 곳으로 실내 장식은 24가지의 다양한 주제로 꾸며져 있다.

📍 Shahrisabz Drive 6
🕐 월~목 & 일 11:00 ~ 23:00
　금, 토 11:00 ~ 02:00
🖥 https://food-mall.uz

# Samarkand
## 사마르칸트

**실크로드의 교역지로 크게 번창한 역사적인 도시**

사마르칸트는 기원전 7세기 고대 도시 아프라시압(Afrasiab)에 기원을 두고 있으며 13세기 칭기즈칸에 의해 도시 전체가 파괴되기 전까지 실크로드의 교역지로 크게 번창한 역사적인 도시이다. 14세기 중앙아시아를 지배한 티무르 제국은 파괴된 사마르칸트를 일으켜 제국의 수도로 삼았다. 사마르칸트를 이야기하면서 티무르를 빼놓을 수 없는 이유이다. 이슬람 건축 양식의 건물들을 장식하고 있는 푸른색 벽돌로 인해 '푸른 도시'로 불리기도 한다. 사마르칸트 내에 주요 관광지는 레기스탄을 중심으로 도보로도 충분히 여행이 가능하지만, 한여름 뜨거운 태양을 감당하기 어려울 수 있으니 적절히 택시를 타고 이동하자. 그렇다 하더라도 이곳에서의 1박은 너무 짧으니 참고하자.

# Samarkand IN & OUT
## 사마르칸트 드나들기

사마르칸트는 수도인 타슈켄트에서 가장 가까운 실크로드의 역사적 도시일 뿐만 아니라 티무르 제국 시대의 다양한 건축물들이 잘 보존되어 있어 가장 많은 관광객이 찾는 도시이다. 이곳으로 가기 위해서는 타슈켄트는 물론 또 다른 역사적 도시 부하라에서 기차로 이동하는 게 가장 일반적인 방법이다. 두 도시 간에는 KTX와 같은 고속열차인 아프라시압(Afrosiyob)과 새마을호 격인 샤르크(Sharq) 등이 수시로 운행하고 있다. 하지만 고속열차의 경우 빠르게 매진됨으로 충분한 시간을 두고 예약해야 한다.

2번 트램

사마르칸트 기차역은 시내 중심 레기스탄 광장에서 북서쪽으로 약 7km 떨어진 곳에 있으며 자동차로 20분 정도 소요된다. 1980년대에 지어졌음에도 불구하고 매우 깨끗하며 역내에는 환전소 및 카페테리아, 매점 등이 있다. 특히 건물 내외부의 독특한 기둥 열이 아름답고 인상적이다.

기차역에서 시내로의 이동은 Yandex Taxi를 이용하는 게 일반적이지만 기차역이 종점인 트램(노면전차)을 타고 시내로 이동할 수도 있다. 2번 트램을 타면 비비하눔 모스크 인근의 종점 시압 바자르에서 하차하면 된다. 비용은 2,000숨이며 하차 시 운전사에게 지불하거나 중간에 탑승하는 차장에게 지불하면 된다. 기차가 도착하는 시간대에는 기차역 주변이 매우 혼잡하고 택시도 오래 기다려야 하니 2번 트램을 타고 몇 정류장 지나 하차한 다음 그곳에서 택시를 타는 것도 좋은 방법이다.

기차역

# Samarkand Attractions

사마르칸트는 우즈베키스탄을 대표하는 도시이자 타슈켄트에서의 접근성도 좋아 가장 많은 외국관광객이 찾는 곳이다. 대부분 주요 관광지는 레기스탄을 중심으로 동쪽에 있으니, 티무르의 영묘가 있는 구르 아미르 광장을 여행의 시작점으로 해도 좋을 것이다. 이곳을 시작으로 레기스탄, 비비하눔 모스크, 시압 바자르, 샤히진다까지는 걸어서 이동이 가능하다. 그외 아프라시압 박물관, 울루그벡 천문대 등은 택시를 타고 갈 것을 추천한다.

## 레기스탄 광장
**Registan Square**

- 2월 20일 ~ 11월 20일 매일
  07:00~24:00
  11월 21일 ~ 2월 19일 매일
  08:00~20:00
- 65,000숨

우즈베키스탄을 방문하는 여행객들의 대부분은 아마도 이곳을 보기 위해서라고 해도 될 만큼 사마르칸트의 상징이자 우즈베키스탄을 대표하는 관광 명소 중의 하나이다. Registan은 페르시아어로 '모래밭' 또는 '사막'을 의미한다. 예전에는 왕실의 선언문을 듣기 위해 모이는 공공 광장 또는 상인들이 모여 시장으로 사용되기도 했다. 이슬람 교육 기관인 마드라사가 들어서면서부터 이 광장은 티무르 르네상스의 중심지로 발전했다. 세 개의 아름다운 마드라사 건축물로 둘러싸여 있는 이 광장의 야경과 한 시간 동안 펼쳐지는 조명 쇼는 놓치지 말아야 할 볼거리이다. 왼쪽부터 울루그벡 마드라사, 틸라카리 마드라사, 셰르다르 마드라사이며 광장 왼쪽 입구를 통해 광장 안으로 들어갈 수 있으니, 밖에서는 보이지 않는 마드라사의 내부를 꼭 둘러보도록 하자.

### ❶ 울루그벡 마드라사 The Ulughbek Madrasah (1417-1420)

티무르의 손자인 울루그벡이 건립한 마드라사로 레기스탄 광장에서 가장 먼저 지어진 건축물이다. 내부로 들어서면 2층으로 된 직사각형 건물로 둘러싸여 있으며 아름다운 중앙정원을 갖고 있다. 예전에는 강의실이나 학생 기숙사로 사용되던 공간들이 지금은 기념품 가게나 찻집으로 운영되고 있다. 일부 공간은 박물관으로 사용 중이다. 이곳에는 유일하게 꼭대기까지 올라가 볼 수 있는 첨탑이 있다 (요금 80,000숨).

중앙정원

미나렛 올라가는 입구

### ❷ 틸라카리 마드라사 Tilla-Kari Madrasah (1646-1660)

레기스탄 광장의 정중앙에 있는 이 마드라사는 가장 늦게 지어진 건축물로 입구인 피슈타크의 모습은 비슷하지만 다소 작은 모습이다. 하지만 내부는 금박으로 화려하게 장식된 미흐라브가 걸음을 멈추게 한다. 이 마드라사의 이름 '틸라카리(Tilla-Kari)'가 '금으로 장식된'이라는 뜻이라고 한다.

### ❸ 셰르다르 마드라사 Sherdor Madrasah (1619-1636)

울루그벡 마드라사와 비슷한 모양으로 마주 보고 있는 마드라사이다. 울루그벡 마드라사를 참고하여 200년이나 뒤에 만들어진 건축물로 '셰르다르'는 '사자'를 뜻한다고 한다. 입구 위쪽을 보면 사슴을 쫓는 두 마리의 사자를 볼 수 있다. 조로아스터교의 태양으로 묘사되는 사람 얼굴은 깨달은 마음을 상징한다. 이슬람에서는 살아있는 동물이나 인간의 묘사가 일반적으로 허용되지 않기 때문에 당시의 이슬람 전통에 논란의 여지가 있었다고 한다.

# 아미르 티무르 영묘
**Amir Temur Maqbarasi**

- Oksaroy St. 1
- 09:00~19:00
- 50,000숨

티무르의 도시답게 구르 아미르(Go'r Amir : 지배자의 무덤) 광장에는 아미르 티무르의 영묘가 있다. 중앙아시아 건축의 독특한 건축물로 인정받는 이곳은 아름다운 푸른색 돔으로도 유명하다. 외부도 아름답지만 내부의 종유석 동굴과 벌집 모양의 장식인 무카르나스와 천정 모두 청록색과 황금색으로 이루어져 있어 화려함의 극치를 보여준다. 이곳에는 티무르뿐만 아니라 그의 아들과 손자 울루그벡 그리고 그의 스승이었던 미르 사이드 바라카라의 묘도 같이 있다. 내부 중앙에 검은색 돌이 티무르의 묘이다. 원래 티무르는 자신의 고향인 샤흐리샵즈에 자신의 무덤을 만들어 두었다고 한다. 1405년 중국 원정길을 나서다가 급사하였는데 당시 폭설로 인해 샤흐리샵즈로 가는 길이 막혀 이곳에 안치하게 되었다고 한다. 정원과 같이 꾸며진 구르 아미르 광장에서 입구만이 남아 있는 마드라사의 피슈타크를 지나면 영묘 건물이 나온다. 도보 5분 거리 도로 한가운데 거대한 티무르의 동상이 있다.

## 티무르 제국 (1370-1507)

몽골인의 후손 티무르가 몽골제국의 영광을 재현할 목적으로 사마르칸트를 중심으로 건국한 이슬람 왕조로 가장 번성했던 15세기 말에는 현재의 튀르키예, 이라크, 이란, 그리고 아프가니스탄, 파키스탄, 북인도 일부 지역까지 지배했던 제국이다. 하지만 16세기 초에 우즈베크의 샤이반 왕조에 의해 멸망했다. 티무르 왕조의 바부르는 16세기 초부터 19세기 중반까지 옛 티무르 제국의 일부 지역을 지배하며 이슬람 국가인 무굴 제국을 세운 것으로 알려져 있다. 몽골의 전통은 칭기즈칸의 후손이 아닌 사람이 칸이 되는 것을 허락하지 않았기 때문에 티무르는 칸을 지칭할 수 없었고 그 대신 아미르(지휘관, 지배자)라는 호칭을 사용했다. 티무르는 그가 트랜스옥시아나(고대 우즈베키스탄의 영토로 중앙아시아 서쪽의 아무다리야강과 시르다리야강 사이에 있는 땅)의 패권을 잡은 후 평생 단 한 번도 전쟁에서 진 적이 없는 용장으로 알려져 있다. 그가 칭기즈칸의 후손을 아내로 맞이하면서 칸의 후계자를 자처하며, 트랜스옥시아나 지역의 군주로 즉위했던 1370년을 티무르 제국의 원년으로 보고 있다. 70세의 나이에 원왕조가 무너진 동방으로의 정복 원정길에 오트라르에서 급사하였다.

# 비비하눔 사원
## Bibi Khanum

- Islam Karimov St, 10
- 매일 09:00~20:00
- 40,000숨

맞은편 비비하눔 영묘

아미르 티무르가 그의 사랑하는 아내 비비하눔을 위해 만든 것으로 알려진 사원이다. 1399년에 공사를 시작하여 티무르가 급사하기 1년 전인 1404년에 완성되었다. 당시에는 회중 모스크로 사용하기 위해 만들어졌으며 동시에 1만 명을 수용할 수 있을 정도로 사마르칸트에서 가장 크고 높은 건축물이었다. 압도적인 규모를 자랑하는 입구의 피슈타크를 지나면 안뜰 중앙에 이슬람의 경전인 쿠란을 올려놓는 커다란 석조 단을 볼 수 있다. 예전에는 현존하는 가장 오래된 쿠란이 있었다고 한다(현재 이 쿠란은 타슈켄트의 하즈라티 이맘 광장에 있는 박물관에 보관되어 있다). 지금은 유리로 막아 놨지만, 예전에는 아이가 없는 여성이 이 석조 단 아래로 기어들어 갔다 나오면 임신을 할 수 있다는 전설이 있다. 지금은 석조 단 주위를 3번 돌면 소원이 이루어진다고 한다. 쿠픽 문자와 기하학적 문양들로 이루어진 팔각기둥의 외부 모습이 인상적이나 아직 손상된 곳들의 정비가 되지 않은 모습은 아쉽다. 비비하눔 사원 입구 맞은편에는 비비하눔 영묘가 있는데 이곳에서 촬영을 하면 가장 멋진 사진을 얻을 수 있다.

# 시압 바자르
Siyob bozor

**tip 레기스탄 ~ 시압 바자르**
사마르칸트의 대표 명소인 레기스탄에서 비비하눔 사원을 지나 시압 바자르까지는 도보 15분 정도의 거리로 그리 멀지는 않지만, 일반 차량으로는 갈 수가 없는 전기차 전용도로이다. 카리모프 동상 앞에서 시압 바자르까지 운행하는 전기차를 타면 한여름의 더위를 조금이나마 피할 수 있다. 요금은 편도 5,000숨이다.

사마르칸트 비비하눔 사원 바로 옆에 있는 시압 바자르는 사마르칸트를 대표하는 가장 큰 전통 시장으로 그 어느 전통 시장보다 외국인 관광객들이 많이 찾는 관광 명소이다. 입구 옆에는 관광안내소도 있다. 시압 바자르를 나와 도로 위 다리를 건너면 언덕 위에 Hazrat Khizr Mosque가 있는데 이곳에는 사마르칸트 출신인 우즈베키스탄 초대 대통령이었던 이슬람 카리모프의 무덤이 있다. 이곳에서는 시압 바자르와 비비하눔 사원의 모습이 한눈에 보인다.

하즈라트 모스크

# 샤히진다
**Shahi Zinda**

- Shahi Zinda St, 39
- 매일 07:00 ~ 22:00
- 40,000숨

'살아 있는 왕'이라는 뜻을 가진 샤히진다는 일종의 영묘 단지라고 할 수 있다. 사마르칸트의 보물이라고 불릴 정도로 가장 사랑받는 유적지 중 하나로, 청록색의 화려한 문양으로 장식된 건축물들은 중세 중앙아시아의 독특한 분위기를 자아낸다. 다양한 패턴의 타일과 결합된 기하학적 선은 절묘한 시각적 효과를 반영하고 있다. 20개 이상의 건축물은 대부분 11세기~15세기 티무르 왕실의 영묘이며 19세기까지 지속해서 추가되었다고 한다. 입구를 들어서면 만나게 되는 계단은 천국에 오르는 계단이라 불리며 오르고 내릴 때 센 계단의 수가 36개로 서로 같으면 행운이 온다고 하니 한번 시도해 보자.

## 아프라시압 박물관
### Afrasiab Museum

🕐 09:00~18:00
💵 30,000숨

1970년에 개관한 이 박물관은 고고학 유적지 중 하나인 고대 도시 아프라시압 유적지 인근에 있다. 고대 사마르칸트의 중심부였던 아프라시압은 13세기 몽골에 의해 파괴되었고, 박물관의 전시품은 알렉산더 대왕 정복 시대부터 사마르칸트의 역사를 보여주고 있다. 박물관 입구로 들어서면 정면에 있는 전시실에는 이 박물관의 가장 귀중한 전시물 중 하나인 궁전벽화가 있으며, 사절단의 행렬을 묘사한 벽화 맨 마지막 인물은 고구려 시대의 조우관을 쓰고, 허리에는 환두대도를 차고 있어 7세기 당시 한반도와 중앙아시아와의 외교 관계를 추정할 수 있어 우리에게는 매우 귀한 자료로 여겨지고 있다.

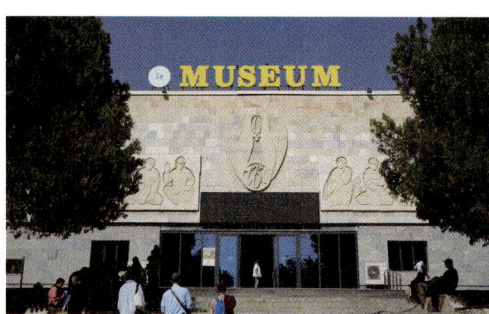

## 울루그벡 천문대
### Ulughbek's Obeservatory

🕐 08:00~20:00
💵 30,000숨

티무르의 손자이자 천문학자였던 울루그벡에 의해 1420년에 만들어진 천문대로 직경 약 46m, 높이 최대 30m의 거대한 원통 모양이었다고 한다. 지금은 길이 63m의 자오선 호의 지하 부분만이 일부 남아있으며, 옆에는 박물관이 있다. 1449년 울루그벡의 죽음은 천문대 내부의 혼란으로 파괴되어 폐허 속에 묻혀 있던 것을 1908년 구소련 고고학자 블라디미르 비야트킨(Vladimir Viyatkin)의 연구로 밝혀지게 되었다. 이는 당시 최대 규모의 천문대로 태양과 별의 고도를 결정하는 데 사용된 측정 도구인 육분의(六分儀)를 활용해 1,000개가 넘는 별의 위치를 정확하게 지정하고, 지구 축의 기울기를 계산할 수 있는 수준에까지 이르렀다고 한다. 천문대로 올라가는 계단 앞에는 울루그벡의 커다란 동상이 있다.

## Café & Restaurant

### Labi G'or

레기스탄 광장 앞 도로 맞은편에 있는 현지 식당으로 주변에서는 가장 크고 내부 실내장식이 깔끔한 레스토랑이다. 낮은 구글 평점이 이상할 정도로 분위기 있고 가성비가 좋아 현지인뿐만 아니라 외국 관광객도 많이 찾는 곳이다. 계산 시 15%의 서비스 비용이 추가 된다.

### Arirang | 아리랑

2023년에 오픈한 사마르칸트에서 유일한 한국인이 운영하는 한식당이다. 삼겹살을 비롯해 꽃등심, 우겹살 등 고기류가 인기가 많으며 그 외에도 김치찌개, 된장찌개 등 단품 메뉴도 다양하다. 레기스탄에서 도보 5분 거리의 도로변에 있어 접근성도 좋은 편이다.

# Bukhara
## 부하라

**사마르칸트, 히바와 함께 우즈베키스탄의 고대도시 중 하나로, 실크로드에 있는 역사 도시**

부하라 칸국의 수도로 과거의 모습을 고스란히 간직하고 있어 고대 중앙아시아의 박물관과 같은 도시이다. 아르크(성채)를 비롯하여 칼란 미나렛 등 부하라가 남긴 유산들이 많이 남아있다. 고속 열차로 사마르칸트에서 1시간 반 정도 소요되어 접근성도 좋은 편이다.

## Bukhara IN & OUT

## 부하라 드나들기

부하라는 중앙아시아 중세 도시 가운데 도시 구조가 가장 완벽히 남아 있는 곳으로 흥미로운 기념 건축물들이 많아 특히 외국인 관광객이 많이 찾는 도시이다. 이곳으로 가기 위해서는 타슈켄트는 물론 또 다른 역사적 도시 사마르칸트에서 기차로 이동하는 게 가장 일반적인 방법이다. 두 도시 간에는 KTX와 같은 고속열차인 아프라시얍(Afrosiyob)과 새마을호 격인 샤르크(Sharq) 등이 수시로 운행하고 있다. 하지만 고속열차의 경우 빠르게 매진됨으로 충분한 시간을 두고 예약해야 한다. 이곳에도 국제공항이 있지만 매우 제한적이며 국내선을 이용하면 타슈켄트에서 1시간 소요된다.

### 01 기차역

부하라 기차역은 시내 중심 라비 하우즈에서 남동쪽으로 14km 떨어진 곳에 있으며 자동차로 약 25분 정도 소요된다. 역 앞에는 벤치가 있는 공원이 있다. 기차역 건물 외관의 멋스러움에 비해 내부는 매우 협소한 편이다. 타슈켄트에서 출발하는 아프로시얍 열차는 사마르칸트를 거쳐 부하라까지 간다. 또한 이곳에서는 히바와 우르겐치행 야간열차도 탈 수 있다. 다른 도시에 비해 유독 택시 기사의 호객행위가 심한 곳으로 기차역으로 나와 조금 떨어진 곳에서 얀덱스 택시를 이용하도록 하자.

# Bukhara Attractions

부하라의 볼거리들은 역사 지구 내에 몰려 있어 시내 중심에 숙소가 있다면 모두 걸어서 30분 이내로 이동이 가능하다. 하지만 여름에는 너무 더우므로 무리하게 걷지 말고 20분 이상 소요된다면 택시로의 이동을 추천한다.

## 노디르 데본베기 마드라사
### Nodir Devonbegi Madrasah

부하라 역사 지구의 중심 라비 하우즈 옆에 있는 이 마드라사는 부하라 칸의 장관이었던 Nodir Devonbegi의 이름이며, 1623년 지어질 당시에는 대상들의 숙소인 카라반사라이로 사용되다가 이맘 쿨리 칸의 결정에 따라 마드라사로 변경되었다고 한다. 현재 안뜰 1층은 기념품 가게들이 차지하고 있으며, 안뜰은 종종 연회장으로 사용되기도 한다. 특이한 점은 입구 정면 위에는 모자이크로 장식된 봉황 두 마리가 사람 얼굴이 있는 태양을 향해 날아가고 있는 모습을 볼 수 있다는 것이다. 이는 우상숭배를 금지하여 어디에도 사람 또는 동물을 그리지 않는 이슬람 건축에서는 보기 드문 경우이다.

## 호자 나스레딘 동상  Khoja Nasreddin Statue

노디르 데본베기 마드라사 앞 작은 공원 한편에는 익살스러운 모습으로 당나귀를 타고 있는 동상이 하나 있다. 그는 13세기 튀르키예 출신으로 알려진 이슬람의 전설적 현자 나스레딘이다. 재치 있고 현명한 지혜로운 바보로 알려진 그의 이야기는 발칸 반도에서 중국에 이르기까지 이슬람 세계의 이야기 속에서 풍자적인 일화의 주인공으로 등장한다. 매년 7월에는 그의 무덤이 있다고 추정되는 튀르키예의 Akşehir에서 국제 나스레딘 호자 축제가 열린다고 한다.

## 쿠켈다쉬 마드라사
### Kukaldosh Madrasah

16세기에 지어진 이 마드라사는 중앙아시아에서 가장 큰 마드라사 중의 하나이다. 커다란 안뜰을 둘러싸고 있는 2층 건물에는 130개의 후즈라(작은 방)가 있으며, 18세기에는 카라반사라이로도 사용되었다고 한다. 전체적으로 외관은 화려하지 않은 모습이지만 정문은 아름다운 기하학적 패턴을 보여주는 모자이크로 장식되어 있다. 내부에는 옛 실크로드 관련 그림을 그려 판매하는 화가를 볼 수 있다.

## 라비 하우즈
### Labi Khauz

부하라 역사 지구의 중심이자 여행의 시작점인 라비 하우즈 주변에는 3개의 마드라사가 둘러싸고 있다. '하우즈'는 연못을 의미하며 이곳은 실크로드를 오가던 행상들의 휴식처이자 만남의 장소였다고 한다. 지금도 연못 한편에는 라비 하우즈라는 식당이 있어 저녁 시간에 붐비는 곳 중의 하나이다. 식당을 바라보고 왼쪽에 있는 것이 현재는 박물관으로 사용되고 있는 노디르 데본베기 하나카 마드라사이며 연못을 사이에 두고 맞은편에 있는 것이 노디르 데본베기 마드라사다. 식당 뒤 도로 건너편에 있는 것이 쿠켈다쉬 마드라사이다.

## 초르 미노르 마드라사
### Chor Minor Madrasah

부하라 역사 지구 내에서 가장 오른쪽 한적한 골목 내에 있는 이 건축물은 기존의 건축물과는 사뭇 다른 형태로 독특한 모양을 갖고 있다. 1807년 부유한 상인이었던 Khalif Niyaz-kul에 의해 지어졌기 때문에 Khalif Niyaz-kul 마드라사로도 알려져 있다. 초르 미노르는 '4개의 첨탑'이라는 뜻으로 즉 4개의 첨탑으로 이루어진 마드라사인 셈이다. 현재는 마드라사의 흔적만이 남아 있다. 4개의 첨탑은 각각 파란색 세라믹 타일로 장식된 돔으로 덮여 있는데, 이는 종종 중앙아시아인들에게 알려진 네 가지 종교를 반영한 것으로 해석된다. 내부 계단을 통해 옥상으로 올라갈 수 있다.

## 마호키 아토리 모스크
### Magoki Attori Mosque

이슬람 이전 시대에 조로아스터교 사원 유적 위에 9~10세기에 건설된 것으로 추정되는 이 모스크는 중앙아시아에서 가장 오래된 모스크 중 하나이자 칭기즈칸이 파괴하지 않은 몇 안 되는 곳으로 세월의 흔적을 느낄 수 있다. 현재 내부는 카펫 박물관으로 사용되고 있다.

## Taki | 타키

타키는 도시 중심에 상인들이 많이 모이는 곳에 생겨난 일종의 노천시장이자 휴게소 및 정보교환의 장소이다. 뜨거운 더위를 피하려고 돔 형태의 실내 공간으로 만들어졌으며, 실크로드의 운송 수단이었던 낙타가 드나들 수 있도록 입구와 지붕을 높이 만들어 놓은 게 특징이다. 부하라가 실크로드의 문화, 무역의 중심지로서 번영을 누리던 16세기 당시의 타키는 희귀한 고가의 보석류와 모자, 금의 거래가 이루어지는 전문상점으로 구분되었다고 한다. 현재 이곳에는 Tpqi Telpakfurushon(모자 시장), Toqi Zagaron(보석 시장), Toki Sarrofon(환전 시장)등이 남아 있다. 현재는 그 이름만 남아 있고 내부에는 각종 기념품 및 수공예품 등을 판매하는 상점들로 가득 차 있다.

모자 시장

보석 시장

환전 시장

# 포이 칼란
Poi-Kalan

포이 칼란은 부하라의 상징과도 같은 칼란 미나렛과 칼란 모스크 그리고 미르 아랍 마드라사로 구성된 건축 단지로 사마르칸트의 레기스탄 광장의 축소판처럼 보이기도 하지만 티무르 시대 이전의 건축물이 남아 있어 그 의미가 남다르다고 할 수 있다.

### ❶ 칼란 미나렛 Kalan Minaret

칼란 미나렛은 높이 47미터로 중앙아시아에서 가장 큰 첨탑 중 하나이다. 기도 시간을 알리는 첨탑으로서의 용도 이외에도 꼭대기에 불을 지펴 실크로드의 대상들에게는 오아시스의 등대 역할을, 때로는 외세 침략의 동태를 살피는 역할을 하였고, 위에서 아래로 떨어뜨려 죽이는 처형장으로 사용되기도 했다고 한다. 1127년에 지어진 이 건축물은 13세기 몽골 침략 당시 칭기즈칸이 이 칼란 미나렛의 높은 꼭대기를 보다가 투구를 떨어뜨렸는데 이 투구를 줍느라 고개를 숙인 칭기즈칸이 "나를 고개 숙여 경의를 표하게 한 탑이니 부수지 말라."고 하여 살아남았다고 하는 유명한 일화가 있다. 위쪽으로 점점 가늘어지는 벽돌 구조물로 벽은 기하학 패턴과 종교적 비문으로 장식되어 있다. 해가 지고 불빛이 들어오는 야간에 더 멋진 모습을 보여 준다.

## ❷ 칼란 모스크 Kalan Mosque

몽골 침략 당시 파괴된 모스크를 16세기 초 재건한 모스크로 칼란 미나렛과 연결되어 있으며 부하라에서 가장 큰 회중 모스크(금요일 모스크)이다. 그 크기가 130m x 81m로 내부 안뜰은 개방감을 주며 나무 한 그루만이 있는 모습이다. 미흐라브 꼭대기에 파란색 돔이 있는 건물 입구 앞에 작은 석조 건축물이 있는데 이것은 몽골 침략 당시 무고하게 희생된 어린이들의 영혼을 기리기 위한 위령탑이라고 한다. 위령탑을 지나 건물 내부로 들어가서 바라보는 안뜰의 모습이 매우 인상적이다. 현재도 사용 중인 모스크로 최대 1만 명까지 수용할 수 있다고 한다. 이곳은 5,000숨의 입장료가 있다.

## ❸ 미르 아랍 마드라사 Mir Arab Madrasah

칼란 모스크와 마주 보고 있는 미르 아랍 마드라사는 같은 시기인 16세기에 지어진 건축물로 중앙아시아에서 가장 훌륭한 마드라사 중 하나로 여겨졌으며, 많은 유명 인사들을 배출한 곳이다. 부하라에서 쿠켈다쉬 마드라사에 이어 두 번째로 큰 마드라사이다. 구소련 시대에도 유일하게 문을 닫지 않고 그 기능을 수행했던 곳으로 알려져 있다. 현재도 신학교로 사용되고 있어 내부 관람은 할 수 없게 되어 있다.

## 압둘라지즈칸 마드라사
Abdulaziz Khan Madrasah

압둘라지즈칸 마드라사는 부하라에서 가장 아름다운 마드라사로 유명하다. 특히 피슈타크 정문은 놀라울 정도로 화려하게 장식되어 있으며, 보통의 이완은 평범하고 코란의 인용문이 새겨져 있지만, 이곳의 이완은 유명한 시인들의 구절로 덮여 있다. 장식의 형태도 밝고 풍부한 물결 모양의 팔각형이다. 내부 안뜰은 학생들의 생활 공간 입구가 아치형으로 되어 있다. 맞은편에는 오랫동안 중앙아시아 도시의 마드라사 건축가들의 모범이 되었던 울루그벡 마드라사가 있다. 압둘라지즈칸 마드라사보다 200년이나 먼저 지어진 건축물이라고 한다.

울루그벡 마드라사

# 아르크
### Ark of Bukhara

🕘 09:00 ~ 18:00
🎫 40,000숨

'아르크'는 성채, 요새라는 뜻으로 부하라의 역사만큼이나 오래되었다. 도시 안의 도시인 아르크는 왕들이 거주하던 곳으로 요새 안에는 도시의 주요 기능을 담당하는 모든 기관이 있었다고 한다. 수 세기에 걸친 외세의 침략과 전쟁으로 파괴되고 재건하기를 반복했지만 1920년 제정 러시아의 붉은 군대에 의해 파괴되고 상당 부분이 폐허로 남아있다. 사암으로 된 흙벽으로 둘러싸여 있으며 높이가 16m~20m에 달하고 둘레는 그 길이가 780m에 이른다. 입구로 들어서면 통로 양쪽으로 박물관의 전시물들을 볼 수 있으며, 통로를 빠져나와 가장 먼저 만나게 되는 게 18세기 초에 지어졌다는 나무 기둥이 인상적인 주마 모스크이다. 이외 대부분의 건물은 박물관으로 이루어져 있다. 폐허로 남은 황량한 지역은 복원작업이 진행되고 있으며, 다행히도 이곳에서는 부하라 시내가 한눈에 내려다보이는 멋진 풍경을 선사한다.

## 부하라 타워 Bukhara Tower

아르크와 볼로 하우즈 모스크 사이에는 고대 도시와는 어울리지 않을 듯한 나선형 철골 구조물의 타워가 하나 있다. 1920년대에 처음 지어졌을 당시에는 급수탑 역할을 했지만 1968년 이후 원래의 기능을 상실하고 오랜 기간 방치되었다. 1990년대에 타워 옆에 엘리베이터를 추가하고 꼭대기에는 레스토랑을 운영했지만, 엘리베이터 고장으로 문을 닫았다고 한다. 2019년 프랑스의 투자로 재개관 되었으며, 높은 지대가 없는 부하라이기에 이 타워에 올라가면 부하라 시내가 한눈에 들어온다. 특히 위에서 바라본 아르크와 볼로 하우즈 모스크의 모습이 인상적이다. 1층에는 옛 타워의 모습을 찍어 놓은 사진 전시실이 있다.

🎫 50,000숨

# 볼로 하우즈 모스크
## Bolo Khauz Mosque

- 09:00 ~ 18:00
- 40,000숨

아르크 성문 맞은편에 있는 모스크로 '볼로 하우즈'는 '작은 연못'을 뜻한다. 높이 12m에 달하는 20개의 아름다운 조각으로 장식된 나무 기둥이 인상적인 곳이다. 기도실이 노출되어 있어 밖에서도 볼 수 있으며, 안으로 들어가 볼 수도 있는데 모스크 내부는 전형적인 18세기 중앙아시아 스타일이다. 모스크는 1712년에 지어졌으며 모스크 옆 작은 첨탑은 1917년에 세워진 것이라고 한다. 작은 연못과 첨탑이 어우러져 아름다운 모습을 보여준다.

# 이스마일 사마니 영묘
## Ismail Samani Mausoleum

- 08:00 ~ 18:00
- 5,000숨

10세기에 지어진 건물로 중앙아시아에서 현존하는 가장 오래된 건축물 중 하나이며 부하라에서 반드시 보아야 할 건축물이다. 흙벽돌로 지어진 이 작고 아담한 직육면체의 건축물은 한때 부하라를 통치했던 사마니 왕조의 영묘이다. 이 영묘는 치밀한 크기, 우아하고 수학적으로 계산된 비율, 복잡하고 전례 없는 구운 벽돌 장식의 기하학적 패턴으로 인해 '보석 상자'라고도 불린다. 스퀸치(돔의 바닥을 지지하는 삼각형 모서리)를 이용한 내부의 섬세한 장식과 4개의 문으로 들어오는 빛에 따라 변화하는 내부의 모습 또한 이 건축물의 특별함이다.

# Khiva
## 히바

**이찬칼라로 대표되는 실크로드의 숨겨진 도시**

히바는 타슈켄트에서 서쪽으로 약 743km 떨어져 있어 짧은 일정의 여행객에게는 허락되지 않는 곳이지만 우즈베키스탄에서 꼭 방문해야 할 첫 번째 도시로 손꼽는 도시이다. 키질쿰 사막과 카라쿰 사막으로 둘러싸여 있어 전형적인 사막성 기후를 갖고 있으며 파미르고원으로부터 흘러 들어온 아무다리야강 하류에 있는 오아시스 지역으로 예로부터 비옥한 땅이었다. 그로 인해 실크로드의 중요 경유지로 도시가 발달했다.

# Khiva IN & OUT

히바로 가는 가장 빠르고 편리한 방법은 비행기를 타고 가는 것이다. 공항은 히바에서 32km 떨어진 우르겐치(Urgench)에 있다. 우즈베키스탄 항공이 타슈켄트에서 하루 2회~3회 운항하며 소요 시간은 1시간 30분이다. 우르겐치 공항에서 히바까지는 택시로 이동하는 게 일반적이며 비용은 200,000숨 내외로 가능하다. 부하라에서 우르겐치로의 항공 이동은 타슈켄트를 경유해야 하므로 기차로 이동하는 편이 나을 수도 있다.

타슈켄트 또는 부하라에서 히바까지 기차로도 도착이 가능하다. 하지만 성수기에는 기차표 구하기가 어렵다. 그럴 때는 우르겐치까지 기차로 이동 후 택시를 타고 히바까지 가는 방법도 차선책으로 염두에 두자. 택시 이용 시 소요 시간 약 50분이며, 비용은 150,000숨 내외로 가능하다.

또한 일행이 있다면 원하는 시간에 door-to-door 서비스를 받을 수 있는 현지 여행사 상품을 이용하는 것도 고려해 보자.

## 히 바 드나들기

히바역

우르겐치 역

### tip 1 우르겐치 공항, 기차역에서 택시 이용하기!

아쉽게도 이곳은 그 유용한 얀덱스 택시 서비스 불가 지역이다. 공항과 기차역에서 택시를 타기 위해서는 택시 기사와 흥정해야 하는 수고로움을 감수해야 한다. 의사소통이 원활하지 않을 때 바가지요금에서 벗어날 수 없을 것이다. 적어도 아래와 같은 방법의 하나를 선택하자.

첫째, 히바에 예약된 호텔에 픽업 서비스 요청하기
둘째, 현지 여행사에 차량 예약하기 ( tip 2 참고)
셋째, 공항이나 기차역을 나오기 전에 히바로 가는 일행(현지인 또는 러시아어 구사 가능한) 구하기

**tip 2 히바 ↔ 부하라 구간 전용차량으로 이동하기**

기차로 약 7시간 소요되는 이 구간의 경우 부하라에서 출발시간이 새벽이거나 히바에서 출발할 때 부하라 도착시간이 자정을 넘는 경우가 있어 매우 불편하다. 또한 히바에서 타슈켄트까지는 야간열차를 이용하거나 비행기를 타야 하는 먼 거리 때문에 많은 한국 여행객이 히바 여행을 포기하는 이유일지도 모른다. 히바 ↔ 부하라 구간을 원하는 시간에 door-to-door 서비스를 받을 수 있는 현지 여행사 상품을 이용하는 것도 고려해 보자. 나 홀로 여행이면 부담이 될 수 있지만 3~4명이 같이 여행한다면 이 방법이 최선일 수 있다. 예약은 히바 이찬칼라 내에 사무실을 두고 있는 Islambek Travel 웹사이트에서 할 수 있다. 단, 온라인으로 직접 예약은 안 되며 이메일 또는 WhatsApp을 통해서 해야 한다. 이곳에서는 Private Transfer뿐만 아니라 히바 인근의 고성 투어를 비롯한 다양한 투어 상품을 제공하고 있다.

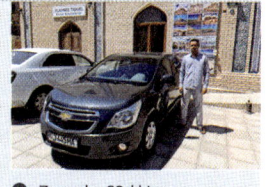

Zargarlar 60, khiva

islambektravel.uz

이메일 : Islambektravel@gmail.com

WhatsApp : +99899-666-33-22

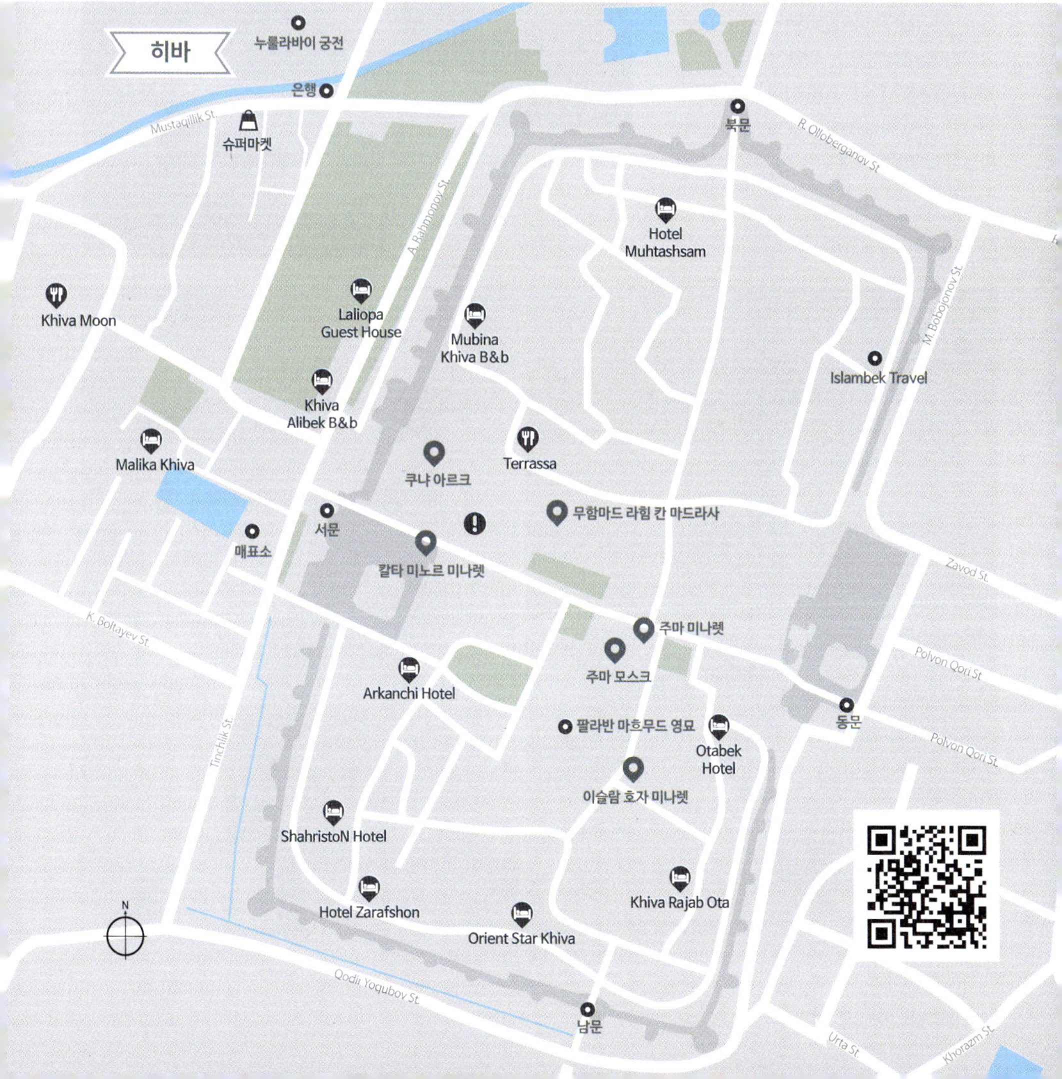
히바
누룰라바이 궁전
은행
Mustaqillik St.
슈퍼마켓
북문
R. Ollobberganov St.
A. Bahmonov St.
Hotel Muhtashsam
Khiva Moon
Laliopa Guest House
Mubina Khiva B&b
M. Bobojonov St.
Islambek Travel
Khiva Alibek B&b
Malika Khiva
Terrassa
쿠냐 아르크
무함마드 라힘 칸 마드라사
서문
매표소
칼타 미노르 미나렛
Zavod St.
K. Boltayev St.
주마 미나렛
주마 모스크
Polvon Qori St.
Arkanchi Hotel
동문
팔라반 마흐무드 영묘
Otabek Hotel
Polvon Qori St.
Tinchlik St.
이슬람 호자 미나렛
ShahristoN Hotel
Khiva Rajab Ota
Hotel Zarafshon
Orient Star Khiva
N
Qodir Yoqubov St.
남문
Urta St.
Khorazm St.

## Khiva Attractions

히바 여행의 시작은 보통 이찬칼라 서문에서 시작한다. 이찬칼라로 들어가는 문은 동, 서, 남, 북 모두 네 곳이며 자유롭게 들어갈 수는 있다. 하지만 내부의 건축물로 들어가기 위해서는 매번 입장료를 내야 함으로 자유이용권이라 불리는 표를 서문 앞 매표소에서 구매해야 한다. 이 표의 유효기간은 2일이어서 여유롭게 둘러서 볼 수 있어 좋긴 하지만 1일권은 없으므로 하루밖에 시간이 없는 여행객이라도 2일권을 사야 한다. 표를 샀다 하더라도 이슬람 호자 미나렛(100,000숨)과 팔라반 마흐무드 영묘(25,000숨)는 별도의 추가 입장료를 내야 한다.

서문

- 2일 이용권 표 200,000숨

서문앞 매표소

### 북문 (정원의 문)
안쪽에 성벽으로 오르는 계단이 있다.

### 남문 (돌의 문)

### 동문 (집행자의 문)
아름다운 타일로 장식되어 있어 '꽃의 문'이라고도 한다.

# Itchan Kala

## 이찬칼라

히바 여행의 전부라 할 수 있는 이찬칼라는 일관성 있게 잘 보존된 도시의 유적으로 옛 호레즘 문명을 엿볼 수 있으며, 주마 모스크와 마드라사와 같은 특유의 이슬람 건축물 그리고 주거지의 전통적인 건축 양식 등의 보존 가치를 인정받아 우즈베키스탄에서는 처음으로 유네스코 세계문화유산(1990년)에 등재되었다. '이찬칼라'는 도시 중심을 둘러싸고 있는 성벽 안쪽 지역을 의미하며 성벽 밖의 지역은 '디샨 칼라 Dishan Kala' 라고 한다. 이 성벽의 하단부는 경사지게 쌓았고 상단부는 톱니바퀴 모양으로 촘촘히 설계되어 있는데 이는 중앙아시아 성곽들의 특징 중 하나라고 한다. 높이 8m~10m, 두께 6m 그리고 성벽의 전체 길이는 2.25km로 그리 크지 않지만, 내부에는 모스크, 마드라사, 미나렛 등 수많은 중세 유적이 잘 보존되어 있으며 이런 유적지의 일부는 호텔, 식당, 기념품 가게 등으로 사용되고 있다. 또한 현재도 주민들이 거주하는 생활 공간과 어우러져 그들의 삶을 엿 볼 수 있다.

**① 이찬칼라**
# 쿠냐 아르크
**Kunya Ark**

쿠냐 아르크는 Khiva 통치자의 거주지로 오래된 요새 속의 성채라 할 수 있다. 17세기 말에 건설된 이 성채는 히바 칸국의 행정 중심지로 칸의 거주지는 물론, 법원, 무기고, 조폐국, 하렘 등이 들어서 있어 '도시 속의 도시'로 보호되었다고 한다. 이찬칼라의 서문으로 들어서서 이곳의 상징인 칼타 미노르 미나렛을 지나 왼쪽 길로 들어가서 조금만 가면 왼쪽에 초록색 타일로 장식된 두 개의 탑이 있는 입구가 나온다. 입구 너머 옛 도시의 흔적이 남아 있는 터를 지나면 이곳의 중요한 건축물 중 하나인 Kurnsh Khan Palace를 볼 수 있다. 안뜰

한쪽에는 모자이크 타일이 기하학적 패턴으로 장식된 Aivan(중앙아시아 건축에서 보이는 일종의 테라스로 바깥 쪽에는 나무기둥이 있다)이 있다. 그리고 그 옆에는 초록색 벽감으로 장식된 '왕좌의 방'이 있다. 하지만 이곳은 뭐니 뭐니 해도 석양에 비치는 이찬칼라의 다양한 건축물을 볼 수 있는 작은 전망대가 있어 많은 관광객이 방문하는 곳이다. 전망대는 그리 높지 않지만, 가파른 계단을 올라가야 한다. 히바를 방문한다면 이곳에서의 일몰을 꼭 감상해 보자.

# TERRASSA
## Café & Restaurant

이찬칼라 내에는 전통 음식점이 여럿 있지만 가장 많은 여행객이 찾는 곳이다. 음식의 맛도 좋지만, 무엇보다 위치가 좋아, 2층 테라스에서는 이찬칼라의 가장 멋진 모습을 볼 수 있다. 식사 시간이 아니어도 가볍게 맛있는 커피 한잔을 하기에도 그만이다. 또한 영어 응대할 수 있는 종업원이 있어 어렵지 않게 주문할 수 있다. 이곳은 식사 후 계산 시 서비스 요금이 부과되지 않는 곳이기도 하다.

## 히바에서 꼭 먹어봐야 할 음식

### 쉬비트 오시 Shivit oshi
투훔 바락과 함께 호라즘을 대표하는 음식으로 히바에서만 맛볼 수 있는 면 요리이다. 면의 색이 초록색을 띠고 있어 Green Noodles로 불린다. 쇠고기 스튜 소스와 함께 먹는다.

### 투훔 바락 Tuxum Barak
우즈베키스탄에서도 옛 호라즘(Khorezm)지역을 대표하는 음식으로 Tuxum(달걀)+Barak(만두) 즉, 달걀 만두인 셈이다. 달걀로 만든 만두피 안에 달걀흰자 또는 고기, 야채, 호박 등을 넣어 만드는데 담백한 맛이 일품이다.

### 굼마 Gumma
우즈베키스탄의 전통음식 중 하나이다. 고기가 들어간 반달 모양의 군만두로 삼사와 비슷하지만 삼사보다 커서 한 끼 식사로도 충분하다.

**❷ 이찬칼라**

## 칼타 미노르 미나렛
Kalta Minor Minaret

이찬칼라의 정문 격인 서문으로 들어서면 온통 흙벽의 건물들 사이로 이곳의 랜드마크인 거대하고 컬러풀한 미나렛이 보여 한눈에 칼타 미노르 미나렛이라는 것을 알 수 있다. 1852년 히바 칸국의 무함마드 아민 칸에 의해 70m 이상의 가장 크고 높은 미나렛을 만들고자 지어지기 시작했으나 1855년 그의 사망으로 공사가 중단되어 29m 높이의 미완성 상태로 남아있다.

Kalta는 short라는 뜻으로 즉, '짧은 미나렛'이다. 전체가 흰색과 청록색의 유약 타일로 덮인 유일한 미나렛이라고 한다. 바로 옆 무함마드 아민 칸 마드라사(Muhammad Amin Khan Madrasah)와 나무다리로 연결되어 있다. 이 마드라사는 현재 Orient Star Khiva Hotel로 사용 중이다.

**❸ 이찬칼라**

## 무함마드 라힘 칸 마드라사
Muhammad Rahim Khan Madrasah

쿠냐 아르크 입구 맞은편에 있는 히바에서 가장 큰 마드라사로 1876년 군주이자 학자와 시인들의 후원자로 명성을 떨쳤던 무함마드 라힘 칸에 의해 건설되었다. 현재는 일부는 박물관으로 사용되고 있으며, 70개에 달하는 방은 교실 및 생활 공간으로 사용되었다고 한다. 입구의 피슈타크와 무하르나스가 인상적인 곳이다.

❹ 이찬칼라

# 주마 모스크
**Juma Mosque**

이찬칼라에서도 가장 중심에 있는 이곳은 두꺼운 벽으로 둘러싸여 있으며, 모스크 안은 특별한 212개의 나무 기둥이 세워져 있어 매우 흥미로운 곳이다. 이 나무 기둥은 같은 문양이 하나도 없으며 굵기, 받침대도 모두 다른 모습을 하고 있어 마치 히바 목각 예술을 보여주는 박물관처럼 보인다. 이 기둥 간의 간격은 3m, 높이는 5m로 일정하다. 빛은 천장에 있는 3개의 구멍을 통해 들어와 어두운 실내에 아름다운 조명 역할을 하고 있다. 모스크 옆에는 42m 높이의 주마 미나렛이 있다. 주마는 아랍어로 금요일이라는 뜻으로 회중 모스크(금요일 모스크)로 한 번에 5천 명이 동시에 예배를 볼 수 있다고 한다.

### ⑤ 이찬칼라

# 팔라반 마흐무드 영묘
**Pahlavan Mahmoud Mausoleum**

뒤에서 본 모습

시인이자 철학자였던 팔라반 마흐무드는 1247년 히바의 장인 가문에서 태어났다. 종교적인 인물은 아니었지만, 히바의 수호성인으로 여겨질 만큼 그는 공감하는 관대함으로 유명했으며, 모범적인 행동과 기부로 가난하고 억압받는 사람들을 돕는데 일생을 바쳤다고 한다. 수 세기가 지난 후 그의 위대한 삶과 행동을 기리기 위해 칸국의 수호성인으로 채택하고 그의 무덤을 아름답게 꾸미게 되었다. 현재 그의 영묘 주변에는 히바 칸과 그의 친척들 무덤들이 들어서 있다. 청록색 유약 타일로 덮여 있는 돔과 영묘를 장식하고 있는 청록색 타일의 벽감이 매우 인상적이다. 작은 안뜰에는 식수로 사용하는 깊은 우물도 있다. 이곳은 25,000숨의 별도의 표를 사야 한다.

우물

**⑥ 이찬칼라**

# 이슬람 호자 미나렛
**Islam Xo'ja Minaret**

히바의 랜드마크 중 하나로 이찬칼라 어디에서도 잘 보인다. 이곳에서 가장 높은 건축물로 높이가 44.8m에 달하며 99개의 나선형 계단을 올라가면 전망대까지 갈 수 있다. 전망대 올라가는 것도 쉽지 않지만 100,000숨의 입장료를 지불해야 한다. 하지만 전망대에서 내려다보는 이국적인 이찬칼라의 모습을 보고 있노라면 그만한 가치가 있다. 바로 옆에는 이슬람 호자 마드라사 (Islam Xo'ja Madrasah)가 있으며 지어질 당시 이곳의 재상이었던 호자라는 사람에 의해 지어져 이름이 붙여졌다고 한다.

# 누룰라바이 궁전
**Nurullaboy Palace**

- 09:00~18:00
- 60,000숨

이 궁전은 무함마드 라힘 칸 2세(Muhammad Rakhim Khan II)가 아들 아스판디야르 칸(Asfandiyar Khan)을 위해 지어준 여름 궁전으로 원래 누룰라바이라는 상인의 정원이었으며, 그의 요청에 따라 누룰라바이 궁전으로 불리게 되었다고 한다. 궁전은 무함마드 칸이 사망한 지 2년 후인 1912년에 완공되었다. 궁전은 크고 작은 9개의 방, 응접실, 하인의 거주지 등과 정원이 있는 안뜰로 이루어져 있다. 궁전 내에는 동서양이 어우러진 건축 외에도 히바와 호라즘의 역사와 문화 등을 살펴볼 수 있는 전시관이 있으며, 러시아 아르누보 스타일로 만들어진 왕좌의 방에는 상트페테르부르크의 황실 도자기로 만든 벽난로가 보존되어 있어 이찬칼라에서와는 다른 느낌을 받을 수 있는 곳이기에 시간의 여유가 있다면 꼭 방문해 볼 것을 권한다.

UZBEKISTAN

3 COUNTRIES

## 중앙아시아 3국
카자흐스탄 | 키르기스스탄 | 우즈베키스탄

초판 1쇄 2024년 5월 24일
　　 2쇄 2025년 5월 2일

지은이 | 고수열·서병용
펴낸이 | 서병용
디자인 | 그곳에(@gugossee)

펴낸곳 | 트래블북스
출판등록 | 2022년 1월 3일 제2023-000038호
주소 | 서울시 마포구 와우산로24길 23
전화 | 02-591-8595
팩스 | 050-4254-8595
이메일 | dongeurope@naver.com

ISBN 979-11-978378-4-5

정가 | 20,000원

이 책의 저작권은 트래블북스와 저자에게 있으며 <중앙아시아 3국>의 사진 및 지도, 내용의 일부를 무단 복제하거나 인용해서 발췌하는 것을 금합니다.

## 부담없는 가격으로 안전하게 모시겠습니다.

이스타항공은 항공 여행의 대중화를 이끈
**한국 대표 LCC 항공사**입니다.

| 노선 | 편명 | 출발 | 도착 | 운항요일 |
|---|---|---|---|---|
| 서울/인천 ▸ 알마티 | ZE135 | 19:30 | 22:45 | 월,금 (4/7~10/24) |
| 알마티 ▸ 서울/인천 | ZE136 | 23:45 | 09:50+1 | 월,금 (4/7~10/24) |

1544-0080 | www.eastarjet.com